InfiniteVerse

Senyuman yang Kusuka

Puisi Renungan tentang Kasih yang Bertumbuh dalam Tuhan

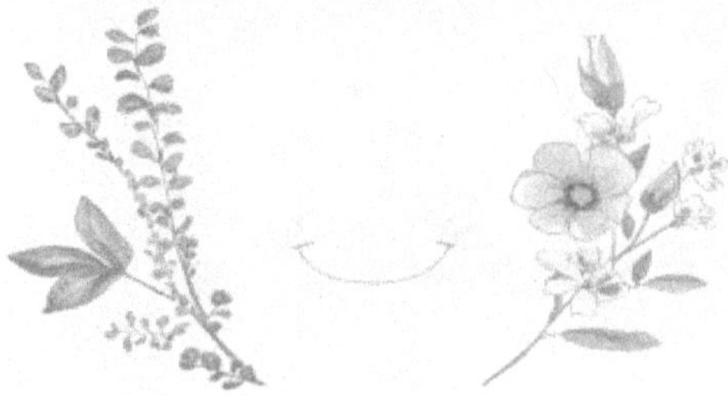

ABRAHAM REYMOND

RENUNGAN: SENYUMAN YANG KUSUKA

First edition. January 7, 2026.

ISBN: 979-8232159719

Written by Abraham Reymond.

Also by Abraham Reymond

7 Deadly Sins in Poetry
My Thief of Joy
Romanticized Sin

Darkness of Entertainment Industry
When Art Stands Above Life
Genius Lost in Silence
Art As Slavery

Heartbreak
Unreachable, Unavailable
Kekasih orang
Just A Dead Star
Will You Love a Depressed Person?
Puisi Novel Kekasih Orang

History of mankind
Verses of Three Kingdoms

Household Poetry

Kitchen Psalms

Daily Baptism

The Child's Dreamroom

Lamentation

Not Dead, Not Living

Meratapi Nasib

How the Star Has Fallen

Death Is a Blessing

Lament of Sacred Spaces

Not Everyone Is Chosen

Puisi Renungan: Meratapi Nasib

Praise & Worship Collection

The Epitome of Beauty

God of My Youth

Psalms For Children

Tuhan yang indah

Worship in Heartbreak

Registered in Heaven

Romance in the air

One Love Until the End

Senyuman yang kusuka

Girl of My Dreams

Sanctuary of the Parents
Renungan: Senyuman yang Kusuka

Romantic Novel in Verse
One Love Until the End: A Novel in Verse

The wonders of nature
God's Breath of Life
The Rooted Ones

Verses of animals and beasts
Ancient Echoes: Creatures of Old
Mythbeasts: Songs of the Imagined
Mythbeasts: Songs Of The Imagined, Illustrated Edition
Songs Beneath the Water

Wisdom Psalms
Wake up, sleeper
Berbahagialah
The Wisdom Chronicles
Building Churches in Our Youth
Money As My Servant
Their First Church is You
Leadership Born From Depression

Worship Poetry Devotional

The Epitome of Beauty: A Poetry Devotional

God of My Youth: A Poetry Devotional

Standalone

Things We Overlook: A Mall Poetry Collection

Bites & Rhymes

Foundation of Logic And Reality

Girl of My Dreams

Girl of My Dreams: Illustrated Edition

Love in Style

Will You Love a Depressed Person?: Novel in Verse

Wake Up, Sleeper: A Poetry Devotional

Things We Overlook — Illustrated Edition

The Days When Magic Broke

Unreachable, Unavailable – A Novel in Verse

Atlas of the Endless Realms

Watch for more at patreon.com/Reymondpoems.

Daftar Isi

Senyuman yang kusuka

Sebuah Puisi Renungan

BAGIAN I — RASA YANG MULAI TUMBUH

Tidak semua cinta datang dengan guntur dan gemetar.

Sebagian hadir pelan—melalui senyum yang singgah sebentar, tawa yang tertinggal lebih lama dari percakapan, atau nama yang tiba-tiba muncul dalam doa tanpa diminta.

Di bagian ini, kita tidak sedang membicarakan kepemilikan, apalagi kepastian.

Yang kita renungkan adalah awal—saat hati mulai belajar mengenali rasa, dan jiwa menyadari bahwa ia sedang disentuh oleh sesuatu yang lebih besar dari dirinya sendiri.

Rasa yang tumbuh bukanlah kesalahan.

Ia adalah anugerah—namun anugerah yang perlu disadari, dijaga, dan dibawa kembali kepada Tuhan.

Sebab cinta yang tidak diarahkan akan menuntut, tetapi cinta yang diserahkan akan mendidik.

Puisi-puisi di bagian ini berbicara tentang kagum yang jujur, sukacita yang sederhana, dan keberanian mengakui bahwa hati kembali hidup.

Di sinilah cinta belum meminta balasan, belum menuntut masa depan—ia hanya ingin hadir dengan benar.

Kiranya setiap halaman mengajak kita bertanya dengan lembut:
apakah rasa ini sedang membawaku mendekat kepada Tuhan,
atau diam-diam menggantikan-Nya?
Marilah kita membaca dengan hati yang terbuka—
bukan untuk mempercepat cinta,
melainkan untuk memurnikannya sejak awal.

Ayat Alkitab

"Setiap pemberian yang baik dan setiap anugerah yang sempurna, datangnya dari atas, turun dari Bapa segala terang."

— *Yakobus 1:17*

Puisi

Senyuman yang Kusuka

Hey cantik
Senyumanmu indah dipandang
Ku suka indah manisnya senyummu
Senyumanmu itu selalu kunanti
Hey manis
Senyumanmu menyegarkan jiwaku
Ku suka caramu tersenyum padaku
Senyumanmu itu selalu kucari
Senyumanmu itu anugerah dari Tuhan
Yang diciptakan untuk menghiburku
Senyuman yang kusuka itu ada padamu
Memotivasi diriku untuk hidup
S'tiap minggu ku s'lalu menanti kehadiranmu
Agar kubisa lihat senyummu yang manis
Senyumanmu itu senyuman yang kusuka dan kucinta

Renungan

Ada rasa yang lahir tanpa rencana—datang melalui hal sederhana seperti sebuah senyuman. Ia tidak berteriak, tidak memaksa, hanya singgah dan menghangatkan. Dalam momen seperti itu, hati sering lupa bahwa keindahan yang kita kagumi bukanlah milik kita, melainkan anugerah yang Tuhan izinkan untuk kita lihat.

Senyuman dapat menjadi penghiburan, tetapi bukan tujuan akhir. Ia hadir sebagai tanda bahwa Tuhan masih bekerja melalui sesama, memberi kelegaan dan menyalakan kembali semangat hidup. Kasih yang bertumbuh dengan sehat belajar mengagumi tanpa menggenggam, dan bersyukur tanpa menuntut.

Ketika rasa ini kita sadari sebagai pemberian, bukan hak, hati pun diarahkan kembali kepada Tuhan. Cinta yang benar tidak berhenti pada manusia, tetapi menuntun jiwa untuk memuliakan Sumber segala keindahan.

Pertanyaan Hening

- Apakah aku sedang menikmati anugerah, atau diam-diam ingin memilikinya?
- Apakah rasa kagum ini membawaku semakin dekat kepada Tuhan?

Doa Singkat

Tuhan,

terima kasih untuk keindahan kecil yang Kau izinkan hadir dalam hidupku.

Ajarku mengasihi tanpa menuntut

dan menikmati anugerah tanpa menggenggam.

Kembalikan hatiku selalu kepada-Mu. Amin.

Ayat Alkitab

"Demikianlah tinggal ketiga hal ini, yaitu iman, pengharapan dan kasih, dan yang paling besar di antaranya ialah kasih."

— 1 Korintus 13:13

Puisi

Mulai Merasakan Rasa Cinta

Saat aku bertemu denganmu
Aku mulai merasakan rasa cinta
Kau buat aku suka pada dirimu
Entah mengapa aku suka padamu
Rasa cinta timbul dalam hati
Padahal dulu aku telah menyerah
Tapi kau buat aku merasakan cinta
Cinta yang memberi aku segenggam harapan
Waktu aku bertemu denganmu
Aku mulai merasakan rasa cinta
Kau yang membuatku penuh cinta lagi
Tak mengerti mengapa aku suka kamu
Cinta tulus timbul dalam hati
Kegelapan dalam hatiku mulai pudar
Kau bangkitkan api asmaraku
Rasa cinta ini membuatku semangat hidup
Aku mulai merasakan rasa cinta
Aku cinta kamu sepenuh hati
Aku ingin selalu bersamamu
Aku mau kamu jadi cintaku untuk selamanya

Renungan

Ada masa ketika hati sudah lelah berharap, lalu tiba-tiba hidup kembali oleh kehadiran seseorang. Rasa cinta yang muncul sering terasa seperti kejutan—datang tanpa logika, menyusup ke dalam ruang hati yang sebelumnya gelap. Namun kebangkitan ini bukan sekadar tentang siapa yang hadir, melainkan tentang kasih yang Tuhan izinkan bertunas kembali.

Cinta dapat menjadi alat pemulihan, tetapi bukan tujuan akhir. Ia menyalakan semangat, membuka kembali pintu harapan, dan mengingatkan bahwa hati kita masih mampu merasa. Di titik ini, Tuhan mengajak kita untuk berhenti sejenak dan bertanya: apakah cinta ini akan kita genggam, atau kita rawat dengan bijaksana?

Belajar mengasihi berarti membiarkan rasa ini bertumbuh di bawah terang Tuhan. Bukan tergesa ingin memiliki masa depan, tetapi menyerahkan arah langkah kepada-Nya. Kasih yang dewasa tidak lahir dari janji panjang, melainkan dari hati yang rela dibentuk dan dipimpin.

Pertanyaan Hening

- Apakah rasa cinta ini membawaku kembali berharap kepada Tuhan?
- Sudahkah aku menyerahkan arah kasih ini ke dalam tangan-Nya?

Doa Singkat

Tuhan,
terima kasih karena Engkau menghidupkan kembali hatiku.
Ajarku mengasihi dengan rendah hati
dan menyerahkan arah perasaanku kepada-Mu.
Bentuklah kasihku sesuai kehendak-Mu. Amin.

Ayat Alkitab

"Aku menanam, Apolos menyiram, tetapi Allah yang memberi pertumbuhan."

— *1 Korintus 3:6*

Puisi

Bunga Cinta Bermekaran

Saat ku awal bertemu denganmu
Mulai timbul rasa di hati
Rasa cinta yang telah lama tak kurasakan
Apa benar bunga cinta bermekaran di hatiku?
Kau buat aku tersipu
Bunga cinta bermekaran di hati
Ingin rasanya aku menjadi milikmu
Ingin jadi yang kau cintai setiap hari
Setiap ku bertemu denganmu
Ada rasa bahagia di hati
Rasa sukacita ini melampaui pikiranku
Bunga cinta telah bermekaran di hatiku
Kau buat aku tersenyum
Bunga cinta bermekaran setiap hari
Ingin rasanya aku jadi kepunyaanmu
Ingin jadi yang kau doakan setiap hari
Bunga yang paling indah telah mekar
Bunga cinta bermekaran di hidupku
Kuharap kau juga alami yang sama denganku
Aku ingin bunga cinta bermekaran di hatimu

Renungan

Tidak semua bunga tumbuh karena kita menginginkannya. Ada yang mekar karena Tuhan menyiapkan musimnya—tanpa bisa dipercepat, tanpa bisa dipaksa. Ketika cinta mulai bertunas, hati merasakan sukacita yang segar, seolah hidup kembali menemukan warnanya.

Namun bunga yang indah tetap perlu diarahkan. Rasa ingin memiliki sering menyelinap di balik kekaguman, padahal cinta yang sehat belajar bertumbuh tanpa menguasai. Tuhan mengajar kita untuk merawat rasa ini dengan kesabaran, membiarkannya tumbuh dalam terang kehendak-Nya.

Kasih yang dewasa memahami bahwa pertumbuhan sejati bukan hasil genggaman, melainkan hasil penyerahan. Kita boleh berharap, tetapi tetap mempercayakan hasilnya kepada Tuhan—Sang Pemberi hidup, Sang Penumbuh kasih.

Pertanyaan Hening

- Apakah aku sedang merawat rasa ini, atau berusaha memilikinya?
- Sudahkah aku mempercayakan pertumbuhan cinta ini kepada Tuhan?

Doa Singkat

Tuhan,
terima kasih atas rasa yang Kau tumbuhkan perlahan.
Ajarku merawat kasih dengan sabar
dan menyerahkan hasilnya kepada-Mu.
Biarlah cinta ini bertumbuh sesuai kehendak-Mu. Amin.

Ayat Alkitab

"Kasih itu sabar; kasih itu murah hati; ia tidak cemburu. Ia tidak memegahkan diri dan tidak sombong."

— 1 Korintus 13:4

Puisi

Lebih dari Suka

Rasa cinta timbul di hati
Mataku tertuju padamu
Kau bersinar bagaikan matahari
Manusia lain jadi pudar
Selalu kudoakan bahagiamu
Lebih dari suka
Kumau kau selalu tersenyum
Cintaku murni bagaikan emas
Bunga cinta terus bermekaran
Hatiku tercipta untukmu
Hangat kasihmu bagaikan api
Nyaman aku saat bersamamu
Selalu kuberkati kehidupanmu
Lebih dari suka
Kuingin kau selalu bahagia
Kasihku tulus seperti merpati
Cintaku diciptakan untukmu
Tetaplah bersamaku di sini
Terang kasihmu mengubahkan
Aku bersyukur kau ada

Renungan

Ada perasaan yang melampaui sekadar suka—rasa yang membuat hati ingin mendoakan, bukan hanya memiliki. Di titik ini, cinta mulai bergerak dari kekaguman menuju perhatian yang lebih dalam. Namun justru di sinilah hati diuji: apakah kasih ini akan menuntut balasan, atau memilih untuk tetap murni?

Kasih yang lahir dari Tuhan selalu mengarah pada kebaikan orang lain. Ia tidak mendesak untuk dimiliki, tetapi rela menjadi berkat. Doa yang tulus, harapan akan kebahagiaan, dan rasa syukur atas kehadiran seseorang menjadi tanda bahwa cinta sedang belajar dewasa.

Ketika rasa ini diserahkan kepada Tuhan, ia tidak lagi membebani. Kasih menjadi terang yang mengubahkan—bukan karena kuatnya genggaman, tetapi karena dalamnya penyerahan. Di sanalah cinta menemukan maknanya yang sejati.

Pertanyaan Hening

- Apakah kasihku masih ingin memiliki, atau sudah belajar memberkati?
- Sudahkah aku menyerahkan rasa ini kepada Tuhan sebagai bentuk syukur?

Doa Singkat

Tuhan,
ajar aku mengasihi dengan hati yang murni.
Biarlah kasihku tidak menuntut,
melainkan menjadi doa dan berkat.
Tuntun aku untuk bertumbuh dalam kasih-Mu. Amin.

Ayat Alkitab

"Serahkanlah hidupmu kepada TUHAN dan percayalah kepada-Nya, dan Ia akan bertindak."

— *Mazmur 37:5*

Puisi

Tak Mau yang Lain

Dialah wanita yang kusuka
Aku tak mau wanita lain selain dirinya
Dialah yang kurindukan setiap hari
Aku tak mau yang lain
Dia cantik dan indah dipandang
Senyumannya pancarkan cahaya kasih
Dia seperti mentari di pagi hari
Hangat dan indah
Dialah wanita yang kucinta
Aku tak mau wanita lain selain dia
Dialah yang kudoakan setiap hari
Aku tak mau yang lain
Dia manis dan menarik sekali
Suara tawanya terdengar nyaring di telinga
Dia seperti bintang di malam hari
Bersinar di tengah kegelapan
Aku tak mau yang lain
Aku mau dia
Aku mau selalu bersamanya
Aku mau habiskan sisa hidupku di sisinya

Renungan

Ada cinta yang begitu fokus, hingga dunia lain terasa mengabur. Perasaan ini jujur, hangat, dan penuh gairah—namun di dalamnya tersembunyi pertanyaan penting: apakah ini cinta yang menyerahkan, atau cinta yang ingin mengikat?

Ketika hati berkata "tak mau yang lain," Tuhan mengundang kita untuk berhenti sejenak dan memeriksa arah kasih itu. Kasih yang dewasa tidak lahir dari keinginan memiliki sepenuhnya, melainkan dari kesediaan mempercayakan masa depan kepada Tuhan, termasuk orang yang kita cintai.

Mengasihi bukan berarti menggenggam erat, tetapi berdiri setia sambil membuka tangan. Dalam penyerahan itulah, cinta dibersihkan—tidak lagi menjadi pusat hidup, melainkan berjalan bersama Tuhan yang tetap memegang kendali.

Pertanyaan Hening

- Apakah cintaku memberi ruang bagi Tuhan untuk memimpin?
- Sudahkah aku mengasihi tanpa menjadikan dia pengganti harapanku pada Allah?

Doa Singkat

Tuhan,
aku menyerahkan rasa ini ke dalam tangan-Mu.
Ajari aku mengasihi dengan hati yang bebas dan percaya.
Jika ia berasal dari-Mu, peliharalah.
Jika tidak, luruskanlah hatiku dalam kasih-Mu. Amin.

Ayat Alkitab

"Bukan karena kita telah mengasihi Allah, tetapi karena Allah telah mengasihi kita lebih dahulu."

— 1 Yohanes 4:19

Puisi

Aku Mencintaimu

Tak pedulikan keraguan pikiranku
Yang penting isi hatiku padamu
Aku tahu aku mencintaimu
Janganlah kau jauh dariku
Kau yang kurindukan setiap hari
Ketahuilah bahwa aku mencintaimu
Tak mau yang lain selain kamu
Aku mencintaimu setiap hari
Tak pedulikan apa kata dunia
Karena hatiku membara dengan cinta
Aku mencintaimu dengan api cinta
Tetaplah dekat denganku oh kasih
Kau yang kuinginkan setiap saat
Sadarlah bahwa aku mencintaimu
Tak mau kamu jauh di hati
Aku mencintaimu setiap saat
Tetaplah dekat di sisiku
Sebab aku mencintaimu
Aku akan membuatmu tersenyum
Aku akan jadi alasanmu tersenyum

Renungan

Mengucapkan "aku mencintaimu" adalah keberanian. Di dalamnya ada ketulusan, ada kerinduan, dan ada harapan untuk diterima. Namun kasih yang hanya berputar pada perasaan mudah berubah menjadi beban—baik bagi diri sendiri maupun bagi orang yang dikasihi.

Tuhan mengajarkan bahwa kasih sejati tidak dimulai dari keinginan untuk didekati, melainkan dari kerelaan untuk memberi. Ketika kita belajar mengasihi seperti Tuhan mengasihi—lebih dahulu, tanpa syarat—cinta tidak lagi menuntut kedekatan sebagai jaminan, melainkan menawarkan kehadiran sebagai anugerah.

Kasih yang bertumbuh dalam Tuhan tidak berkata, "tinggallah karena aku membutuhkanmu," tetapi berdoa, "tinggallah bila Tuhan menghendaki." Di sanalah cinta dibebaskan dari rasa takut kehilangan, dan diubah menjadi kepercayaan yang tenang.

Pertanyaan Hening

- Apakah ungkapan cintaku masih menyimpan ketakutan untuk ditinggalkan?
- Sudahkah aku belajar mengasihi dengan cara Tuhan mengasihi aku?

Doa Singkat

Tuhan,
Engkau lebih dahulu mengasihiku dengan setia.
Ajari aku mengasihi tanpa menuntut balasan.
Lepaskan hatiku dari ketakutan kehilangan,
dan arahkan kasihku agar tetap berakar pada-Mu. Amin.

Ayat Alkitab

"Demikianlah kita saling mengasihi, sebab kasih itu berasal dari Allah."

— *1 Yohanes 4:7*

Puisi

Belajar Bahasa Cinta

Kau buat aku terheran
Mataku tertuju pada dirimu
Rasa cinta terus bermekaran
Bagai bunga bakung di padang
Belajar bahasa cinta
Tatapan matamu penuh kasih
Senyumanmu hangatkan hatiku
Kau ajari aku cinta
Semakin kuat perasaan ini
Konsentrasiku jadi milikmu
Namamu muncul dalam doaku
Bahagia aku oleh cinta
Belajar bahasa cinta
Kebaikanmu menggetarkan jiwa
Ragaku dicipta untukmu
Kau buat aku mengasihimu
Bahasa cinta ini indah
Nuansa romantis terasa lekat
Kasih sayangku ada untukmu
Milikilah hatiku selama-lamanya

Renungan

Cinta sering datang sebagai perasaan yang memikat, tetapi ia perlu dipelajari agar tidak berhenti sebagai emosi semata. Ketika hati mulai terarah pada satu nama, Tuhan mengundang kita untuk belajar bahasa cinta yang lebih dalam—bahasa yang tidak hanya merasa, tetapi juga memahami.

Bahasa cinta yang berasal dari Tuhan tidak sekadar berkata "hatiku milikmu," melainkan bertanya, "bagaimana aku bisa mengasihimu dengan benar?" Ia belajar dari kebaikan, kesabaran, dan doa yang diam-diam menyebut nama seseorang tanpa menuntut balasan.

Saat cinta dibentuk oleh Tuhan, ia tidak lagi ingin memiliki selamanya, tetapi rela berjalan sejauh Tuhan mengizinkan. Di sanalah romantika berubah menjadi pertumbuhan, dan kasih menjadi sarana untuk semakin mengenal sumber kasih itu sendiri.

Pertanyaan Hening

- Apakah aku sedang belajar mengasihi, atau hanya ingin dimiliki dan memiliki?
- Sudahkah aku menyerahkan caraku mencinta kepada Tuhan?

Doa Singkat

Tuhan,
ajar aku bahasa cinta yang berasal dari-Mu.
Bersihkan kasihku dari ego dan tuntutan.
Biarlah aku mengasihi dengan lembut dan benar,
seturut kehendak dan waktu-Mu. Amin.

Ayat Alkitab

"Taruhlah aku seperti meterai pada hatimu, seperti meterai pada lenganmu."

— *Kidung Agung 8:6a*

Puisi

Melintang di Hatiku

Aku jatuh cinta padamu
Selalu muncul di pikiranku
Tiada hari tanpa kamu
Cintaku tulus untukmu
Namamu melintang di hatiku
Kudoakan kebahagiaanmu
Senyuman yang berharga
Bersyukur aku kepada Tuhan
Semakin cinta aku denganmu
Selalu terlintas dalam benak pikiran
Hari tak terlewat tanpamu
Murni kasihku padamu
Senyummu melintang di hatiku
Kuberkati kehidupanmu
Wanita yang mulia
Berbahagia aku karena hadirmu
Aku bersuka sebab kau hadir
Nada asmara kudengar
Aku melintang di hatimu
Selamanya kita akan bersama

Renungan

Ada nama yang tinggal begitu lama di dalam hati, hadir di setiap pikiran, dan muncul bahkan di dalam doa. Perasaan ini indah, namun Tuhan dengan lembut mengingatkan bahwa apa yang melintang di hati jangan sampai menggantikan Dia yang seharusnya tinggal paling utama.

Ketika cinta diungkapkan melalui doa dan berkat, ia mulai dimurnikan. Hati belajar untuk tidak sekadar memikirkan kehadiran seseorang, tetapi juga menyerahkan kebahagiaannya ke dalam tangan Tuhan. Di sanalah cinta berubah dari obsesi menjadi syafaat.

Mengasihi dengan benar berarti membiarkan Tuhan menentukan arah dan waktu. Nama boleh melintang di hati, tetapi Tuhan tetap menjadi pusatnya. Dengan demikian, cinta tidak menekan untuk selamanya, melainkan percaya bahwa kebersamaan yang sejati lahir dari kehendak-Nya.

Pertanyaan Hening

- Apakah ada nama di hatiku yang tanpa sadar menggantikan tempat Tuhan?
- Sudahkah aku mengasihi dengan doa, bukan dengan tuntutan?

Doa Singkat

Tuhan,
Engkau mengenal isi hatiku sepenuhnya.
Sucikan kasihku agar tetap berada di bawah terang-Mu.
Ajari aku mengasihi dengan doa dan penyerahan,
bukan dengan kelekatan yang menuntut. Amin.

Ayat Alkitab
"Hati yang gembira adalah obat yang manjur."
— *Amsal 17:22a*

Puisi

Canda Tawamu Indah

Kudengar kau datang kemari
Merebut hatiku yang dingin
Hangat kasihmu telah kurasakan
Kau ciptaan Tuhan yang mulia
Canda tawamu indah
Mengusir kegelapan hatiku
Terang kasihmu mengubahkan
Hadiratmu mengisi hariku
Bahagia aku karena kamu
Suaramu merdu bagai malaikat
Tarian lucu kau lakukan
Kau wanita Tuhan yang cantik
Senyum manismu mempesona
Menerangi relung hatiku
Cahaya cintamu membaharui
Ragamu memenuhi hidupku
Kusuka kau sepenuh hati
Canda tawamu indah
Imut lucu pipimu itu
Jadilah milikku selamanya
Aku bersyukur sebab kau milikku
Tuhan telah pertemukan kita
Anugerah terindah dalam hidupku
Sampai kekekalan kita akan bersama

Renungan

Ada tawa yang tidak hanya menghibur, tetapi menyembuhkan. Lewat canda yang sederhana, hati yang dingin dilunakkan, dan hari-hari yang berat menjadi lebih ringan. Sukacita semacam ini mengingatkan bahwa Tuhan sering hadir melalui hal-hal kecil yang penuh cahaya.

Namun kasih yang bertumbuh perlu diarahkan dengan lembut. Rasa ingin memiliki bisa muncul secara alami, tetapi Tuhan mengajar kita untuk melangkah lebih dalam: bersyukur tanpa mengikat, bersukacita tanpa menguasai. Orang yang kita kasihi bukan milik kita, melainkan titipan anugerah.

Ketika tawa membawa kita pada syukur kepada Tuhan, cinta tidak lagi berhenti pada romantika. Ia menjadi ruang pertumbuhan—tempat hati belajar menikmati kehadiran tanpa kehilangan penyerahan. Di sanalah sukacita menjadi berkat, bukan beban.

Pertanyaan Hening

- Apakah sukacitaku membawaku semakin bersyukur kepada Tuhan?
- Sudahkah aku mengasihi tanpa menjadikan kebahagiaan orang lain milikku sendiri?

Doa Singkat

Tuhan,
terima kasih atas sukacita yang Kau izinkan hadir.
Ajari aku menikmati tawa tanpa menggenggam.
Biarlah kasihku tetap lembut dan berserah,
dan hatiku selalu kembali bersyukur kepada-Mu. Amin.

Ayat Alkitab

"Lebih dari segala yang dapat dijaga, jagalah hatimu, karena dari situlah terpancar kehidupan."

— *Amsal 4:23*

Puisi

Mataku Bicara

Ia menatapmu dengan kasih
Terang cinta dipancarkannya
Dapatkah kau melihatnya?
Mataku bicara padamu
Dia selalu melekat denganmu
Tak mau lepaskanmu
Tertuju pada indahnya pribadimu
Nalurinya hidup untukmu
Api cinta menyala
Kerinduannya untuk hangatkanmu
Ingin semakin dekat
Memelukmu dengan cinta
Mataku bicara kepadamu
Bunga hati bermekaran
Dapatkah kau mendengarnya?
Ia ingin membahagiakanmu selalu
Bibir tak perlu kubuka
Pandanganku sudah cukup
Lambangkan hasrat cinta
Melepas panah asmara

Renungan

Ada cinta yang belum berani diucapkan, namun sudah lantang berbicara melalui tatapan. Mata menyimpan rindu, harap, dan keinginan untuk mendekat. Namun Tuhan mengingatkan bahwa tidak semua yang dirasakan perlu segera diwujudkan.

Kerinduan yang belum terucap adalah ruang latihan bagi hati. Di sana kita belajar menahan diri, menata niat, dan menyerahkan perasaan kepada Tuhan sebelum menyerahkannya kepada manusia. Tatapan yang jujur perlu dijaga agar tidak berubah menjadi dorongan yang mendesak.

Ketika cinta dipelihara dalam terang Tuhan, ia tidak lagi menuntut untuk dimiliki. Ia cukup hadir sebagai doa yang diam, kasih yang menunggu, dan hati yang rela dibentuk. Dari sanalah cinta bertumbuh—tenang, bersih, dan tidak melukai.

Pertanyaan Hening

- Apakah hatiku lebih dikuasai rindu, atau dipimpin oleh hikmat Tuhan?
- Sudahkah aku menjaga perasaanku sebelum mengungkapkannya?

Doa Singkat

Tuhan,
Engkau melihat isi hatiku yang terdalam.
Ajari aku menjaga kasih ini dengan bijaksana.
Tenangkan rindu yang bergejolak,
dan tuntun hatiku agar setia pada kehendak-Mu. Amin.

Bagian II — Rindu & Penantian

Rindu adalah jarak yang tidak ingin dilompati.
Ia tidak berteriak, tidak memaksa, hanya bertahan—
belajar setia di dalam doa ketika kehadiran belum diizinkan.
Di bagian ini, cinta mulai diuji oleh waktu.
Bukan oleh seberapa sering bertemu,
melainkan oleh seberapa sabar hati menunggu
tanpa menjadikan kerinduan sebagai tuntutan.
Penantian mengajar kita bahasa yang lebih sunyi:
mengingat tanpa memiliki,
mendoakan tanpa menguasai,
mendekat tanpa melangkahi kehendak Tuhan.
Jika pada bagian sebelumnya cinta baru belajar bernapas,
di sini ia belajar berlutut.
Rindu dijaga agar tetap murni,
dan kasih diarahkan untuk bertumbuh—
bukan dengan tergesa,
melainkan dengan percaya.

Ayat Alkitab

"TUHAN itu baik; Ia adalah tempat perlindungan pada waktu kesesakan; Ia mengenal orang-orang yang berlindung kepada-Nya."

— *Nahum 1:7*

Puisi

Setiap Hari Kamu

Di hari-hariku yang membosankan
Kamu muncul jadi terang bagiku
Setiap hari kamu kucinta
Setiap hari kamu kudoakan
Kamu kurindukan setiap hari
Kamu kuinginkan setiap saat
Besar cintaku bagi kamu
Bagai api yang tak bisa padam
Di tengah kegelapan hatiku
Kau jadi matahari hidupku
Setiap hari kamu kusayang
Setiap hari kamu kuberkati
Kamu kukagumi setiap hari
Kamu kubutuhkan setiap saat
Tulus cintaku bagi kamu
Bagai emas yang telah dimurnikan
Setiap hari kamu
Setiap hari kamu
Aku tak mau yang lain
Aku mau kamu setiap hari

Renungan

Ada hari-hari yang terasa datar, nyaris tanpa warna, hingga satu nama datang dan memberi terang. Kehadiran itu terasa seperti penolong, seolah-olah hidup kembali menemukan alasan untuk bergerak. Namun Tuhan dengan lembut mengingatkan: terang sejati tidak pernah berasal dari manusia semata.

Ketika seseorang menjadi pusat hari-hari kita, rindu mudah berubah menjadi ketergantungan. Di titik inilah kasih perlu diarahkan kembali—bukan untuk dipadamkan, tetapi untuk dimurnikan. Doa yang kita naikkan setiap hari adalah tanda bahwa hati sedang belajar melepaskan kendali.

Mengasihi setiap hari bukan berarti membutuhkan setiap saat. Kasih yang bertumbuh dalam Tuhan tahu bagaimana memberi ruang, membiarkan Tuhan tetap menjadi matahari utama, sementara cinta kepada sesama menjadi pantulan cahaya-Nya.

Pertanyaan Hening

- Apakah aku menjadikan seseorang sebagai sumber terangku, atau Tuhan tetap yang utama?
- Sudahkah doaku memurnikan rinduku, bukan menguatkan kelekatan?

Doa Singkat

Tuhan,
Engkaulah terang yang setia dalam setiap hariku.
Ajari aku mengasihi tanpa bergantung berlebihan.
Murnikan rinduku melalui doa dan penantian,
agar kasihku tetap bertumbuh di dalam-Mu. Amin.

Ayat Alkitab

"TUHAN dekat kepada orang-orang yang patah hati, dan Ia menyelamatkan orang-orang yang remuk jiwanya."

— *Mazmur 34:18*

Puisi

Tetaplah di Sisiku

Dengarkanlah permintaanku oh kasih
Inilah kesungguhan hatiku
Janganlah tinggalkan aku sendiri
Tetaplah di sisiku setiap hari
Kaulah yang selalu kumau
Kehadiranmu itu yang kubutuhkan
Tak mau yang lain
Tetaplah di sisiku untuk selamanya
Jangan abaikan suara hatiku
Pahamilah kerinduanku yang terdalam
Aku selalu mau bersamamu
Tetaplah di sisiku setiap saat
Kaulah yang selalu kubutuhkan
Senyumanmu itu nutrisi harianku
Tak bisa aku tanpamu
Tetaplah di sisiku tanpa henti
Terima kasih buat kehadiranmu
Aku selalu berdoa buat senyumanmu
Aku bersyukur buat keberadaanmu
Tetaplah di sisiku sampai kekekalan

Renungan

Ada doa yang lahir dari rasa takut ditinggalkan. Permintaan "tetaplah di sisiku" sering kali bukan sekadar rindu, melainkan kebutuhan akan rasa aman. Tuhan tidak menolak kejujuran hati seperti ini, tetapi Ia mengundang kita untuk melihat lebih dalam: kepada siapa sebenarnya kita bersandar?

Ketika kehadiran seseorang menjadi nutrisi utama jiwa, kasih mulai menanggung beban yang tidak seharusnya. Manusia tidak diciptakan untuk menjadi penopang mutlak bagi hati orang lain. Di sinilah Tuhan hadir, menawarkan diri-Nya sebagai yang setia tinggal, bahkan ketika manusia tidak mampu.

Penantian yang sehat mengubah permintaan menjadi penyerahan. Bukan lagi "tinggallah karena aku tak bisa tanpamu," melainkan "jika Tuhan mengizinkan, berjalanlah bersamaku." Dari situ, cinta belajar berdiri teguh—tidak menggenggam, tetapi percaya.

Pertanyaan Hening

• Apakah aku meminta seseorang tinggal karena cinta, atau karena takut sendiri?

• Sudahkah aku menjadikan Tuhan tempat tinggalku yang pertama?

Doa Singkat

Tuhan,
Engkaulah yang selalu dekat dan setia.
Tenangkan hatiku yang takut ditinggalkan.
Ajari aku mengasihi tanpa menggantungkan hidupku,
dan percaya pada penyertaan-Mu yang kekal. Amin.

Ayat Alkitab

"Kasih itu tidak berkesudahan."

— *1 Korintus 13:8a*

Puisi

Kau Selalu Kucinta

Aku jatuh cinta pada kamu
Kau selalu kuingini setiap hari
Tak ada wanita lain yang memikat hatiku
Kau buat aku tergila-gila padamu
Kau selalu kucinta
Tiap pagi dan malam selalu kamu yang kudoakan
Kau selalu kusayang
Sejak bangun sampai tidur selalu kamu yang kuberkati
Aku jatuh suka pada kamu
Kau selalu kurindukan setiap saat
Wanita lain tak mampu memikat hatiku
Kau buat aku tercandu pada dirimu
Kau selalu kucinta
Setiap aku makan aku ingat kamu
Kau selalu kucinta
Setiap aku doa namamu muncul
Aku bersyukur sebab kau selalu kucinta
Cinta tulus yang membahagiakanmu
Senyuman manismu selalu kudoakan
Tuhan berkati cintaku padamu

Renungan

Ada cinta yang bertahan dalam ingatan sehari-hari—di pagi yang baru, di malam yang tenang, bahkan di sela-sela doa sederhana. Kesetiaan seperti ini terasa indah, namun Tuhan mengajak hati untuk memeriksa arah kasih itu: apakah ia membangun, atau perlahan mengikat?

Kasih yang konsisten tidak harus menjadi ketergantungan. Ketika nama seseorang selalu hadir dalam doa, biarlah doa itu menjadi ruang penyerahan, bukan penguasaan. Mengingat dan mendoakan adalah bentuk kasih yang paling lembut, karena ia menyerahkan hasilnya kepada Tuhan.

Kasih yang tidak berkesudahan bukanlah kasih yang mencengkeram, melainkan kasih yang tetap setia sambil memberi kebebasan. Di sanalah cinta bertumbuh—tenang, dewasa, dan tidak kehilangan pusatnya, karena Tuhan tetap yang terutama.

Pertanyaan Hening

- Apakah kesetiaanku masih memberi ruang bagi kehendak Tuhan?
- Sudahkah doaku memelihara kasih tanpa menjadikannya berhala?

Doa Singkat

Tuhan,
Engkau sumber kasih yang tidak berkesudahan.
Ajari aku setia tanpa melekat berlebihan.
Biarlah cintaku tetap murni di hadapan-Mu,
dan setiap doaku berakhir pada penyerahan. Amin.

Ayat Alkitab

“Serahkanlah segala kekuatiranmu kepada-Nya, sebab Ia yang memelihara kamu.”

— 1 Petrus 5:7

Puisi

Nama yang Kau Simpan

Kau ukir aku di lubuk hatimu
Aku sangatlah berharga untukmu
Akulah nama yang kau simpan
Selalu kau sebut dalam doa
Indah aku bagimu
Tak pernah kau lupakan
Selalu kau ingat setiap hari
Pagi dan malam kau rindukanku
Aku lembut dan baik hati
Cantik aku di matamu
Sebab kau cintai dia
Akulah nama orang yang kau suka
Kulambangkan jiwanya yang kuat
Dia berani bagaikan singa
Dan kasihnya sehangat mentari pagi
Membelai jiwa pedihmu itu
Nama yang kau simpan
Kau bersyukur karenaku
Akulah anugerah Tuhan bagimu
Membuatmu selalu tersenyum
Kau suka mendengarku
Kehadiranku buatmu bahagia
Aku setia terbit di hidupmu
Mewarnai kisahmu selama-lamanya

Renungan

Ada nama yang tinggal diam-diam di dalam doa, disebut tanpa suara, dihadapkan kepada Tuhan dengan penuh harap. Mengingat seseorang dengan cara ini adalah bentuk kasih yang halus—kasih yang memilih berlutut daripada menggenggam.

Namun bahkan doa pun perlu dimurnikan. Nama yang kita simpan di hati tidak dimaksudkan untuk menggantikan Tuhan, melainkan dibawa kepada-Nya. Ketika seseorang disebut sebagai anugerah, kita diingatkan bahwa ia bukan milik kita, melainkan titipan yang Tuhan percayakan.

Penantian yang sehat mengubah rindu menjadi syukur. Kita belajar mencintai dengan cara menyerahkan—mendoakan tanpa mengatur, mengingat tanpa menuntut. Di sanalah kasih bertumbuh: tenang, setia, dan berakar pada pemeliharaan Tuhan.

Pertanyaan Hening

- Apakah nama yang kusebut dalam doa masih kutitipkan sepenuhnya kepada Tuhan?
- Sudahkah aku mengasihi tanpa menyimpan tuntutan di balik syukur?

Doa Singkat

Tuhan,
terima kasih untuk setiap nama yang Kau titipkan di hatiku.
Ajari aku mengingat dalam doa, bukan dalam penguasaan.
Murnikan rinduku menjadi syukur dan penyerahan,
agar kasihku tetap berpusat pada-Mu. Amin.

Ayat Alkitab

"Terkutuklah orang yang mengandalkan manusia, yang mengandalkan kekuatannya sendiri, dan yang hatinya menjauh dari TUHAN."

— *Yeremia 17:5*

Puisi

Sandaran Ternyamanmu

Percayalah padaku
Kudengarkan semua perkataanmu
Curahkan isi hatimu
Sebab aku sandaran ternyamanmu
Akan kuhapus air matamu
Kupeluk kau dengan hangat
Bisikkan kata yang menghibur
"Aku di sini untukmu"
Carilah wajahku selalu
Aku tercipta untukmu
Selalu ada waktu bagimu
Sebab kaulah yang terpenting
Kuterima semua kekuranganmu
Janji takkan kurendahkan
Biar kuserap kesedihanmu
Agar ringan beban hidupmu
Panggilah aku walau sudah malam
Saat duniamu terasa berat
Biar aku jadi bintang duniamu
Menyinari relung hatimu
Akulah teman berbagimu
Sandaran ternyamanmu
Bahu yang kau perlu
Akan kubuat kau tersenyum lagi

Renungan

Ada kerinduan yang ingin menjadi tempat pulang bagi orang lain—bahu untuk bersandar, telinga untuk mendengar, dan pelukan yang menenangkan. Keinginan ini lahir dari kasih yang tulus. Namun Tuhan mengingatkan dengan lembut: manusia tidak pernah diciptakan untuk menjadi sandaran utama jiwa.

Ketika kita menempatkan diri sebagai penopang utama, kasih bisa berubah menjadi beban. Kita ingin menyerap kesedihan, menghapus air mata, dan selalu tersedia—hingga lupa bahwa hanya Tuhan yang mampu memelihara hati sepenuhnya tanpa retak.

Kasih yang dewasa tahu batasnya. Ia hadir tanpa mengambil alih peran Tuhan. Ia menemani tanpa menggantikan sumber pengharapan. Di sanalah cinta menjadi sehat: mengarahkan yang dikasihi kepada Tuhan, bukan mengikatnya pada diri sendiri.

Pertanyaan Hening

- Apakah aku sedang ingin menjadi sandaran utama, bukan penunjuk jalan kepada Tuhan?
- Sudahkah aku mengasihi dengan hadir, namun tetap menyerahkan pemulihan kepada-Nya?

Doa Singkat

Tuhan,
Engkaulah satu-satunya sandaran yang tidak goyah.
Ajari aku mengasihi dengan batas yang bijaksana.
Biarlah kehadiranku menuntun kepada-Mu,
bukan menggantikan tempat-Mu di hati siapa pun. Amin.

Ayat Alkitab

"TUHAN itu dekat kepada orang-orang yang patah hati, dan Ia menyelamatkan orang-orang yang remuk jiwanya."

— *Mazmur 34:18*

Puisi

Kamu Tak Akan Sendu

Hey wanita favoritku
Datanglah kemari padaku
Kuulurkan tanganku
Aku siap menolongmu
Kamu tak akan sendu
Sebab aku hadir di sini
Menghapus air matamu
Jadi sandaranmu setiap waktu
Akan kubuat kau tersenyum
Cintaku buatmu terpana
Tertawa bahagia dalam kasih
Akulah alasanmu menari
Kudoakan kebahagiaanmu
Bersyukur atas indahnya senyummu
Berharap sukacitamu selalu terjaga
Biar Tuhan berkati kamu dan aku
Keluh kesahmu kudengarkan
Aku jadi tempat curahan hatimu
Kamu tak akan sendu
Sebab aku berjanji akan senangkanmu

Renungan

Keinginan untuk menghapus sendu orang yang kita kasihi lahir dari hati yang peduli. Kita ingin hadir, menolong, dan menjadi alasan senyum kembali. Namun di balik niat yang indah itu, Tuhan mengajak kita melihat satu kebenaran: hanya Dia yang mampu menjamin pemulihan jiwa.

Ketika janji untuk "selalu menyenangkan" diucapkan, kasih bisa tanpa sadar mengambil peran ilahi. Kita menjadi penanggung beban yang tidak sanggup kita pikul selamanya. Kasih yang sehat tahu kapan harus hadir, dan kapan harus menyerahkan.

Mengasihi dengan benar berarti menemani tanpa menguasai, menghibur tanpa menggantikan Tuhan. Kita boleh berjalan di samping, tetapi Tuhanlah yang berjalan di depan. Di sanalah cinta belajar rendah hati dan bertumbuh dalam iman.

Pertanyaan Hening

- Apakah aku berjanji lebih dari yang seharusnya bisa kupenuhi?
- Sudahkah aku menyerahkan sukacita orang yang kukasihi kepada Tuhan?

Doa Singkat

Tuhan,
Engkaulah penghibur sejati setiap hati yang sendu.
Ajari aku mengasihi tanpa mengambil alih peran-Mu.
Biarlah kehadiranku membawa pengharapan,
dan hatiku tetap berserah kepada pemeliharaan-Mu. Amin.

Ayat Alkitab

"Bersukacitalah senantiasa dalam Tuhan."

— Filipi 4:4a

Puisi

Menawan Hatiku

Kusukai kehadiranmu
Aku menari oleh karenamu
Wajahmu selalu kucari
Kau menawan hatiku
Indah parasmu kupandang
Kemuliaan Tuhan ada dalammu
Kebaikanmu kurasakan
Jantung berdebar kencang
Kau pegang erat tanganku
Berjanji takkan lepaskan
Kuyakin kau terbaik untukku
Kau yang paling mengenaliku
Mulutmu memujiku
Kau bilang aku satu-satunya
Akulah teman berbagimu
Benang cinta kita terikat
Menawan hatiku
Kau cintaiku dengan tulus
Aku pun sayang kamu
Selamanya kau dan aku bersatu

Renungan

Ada pertemuan yang membuat hati menari—bukan karena janji besar, melainkan karena kehadiran yang menenangkan. Ketertarikan yang lembut seperti ini adalah karunia, tanda bahwa Tuhan masih mengizinkan hati merasakan sukacita.

Namun sukacita perlu dijaga agar tidak berubah menjadi sandaran utama. Ketika pujian dan janji mulai terasa mengikat, Tuhan mengundang kita untuk mengembalikan pusat hati. Yang menawan seharusnya membawa kita semakin bersyukur, bukan semakin bergantung.

Kasih yang bertumbuh dalam Tuhan tidak terburu-buru menyatukan masa depan. Ia menikmati kebersamaan hari ini sambil tetap menyerahkan hari esok kepada Tuhan. Dengan demikian, cinta menjadi perjalanan iman—bukan tujuan akhir.

Pertanyaan Hening

- Apakah sukacitaku tetap berakar pada Tuhan, atau mulai berpindah pada manusia?
- Sudahkah aku menikmati ketertarikan ini tanpa kehilangan penyerahan?

Doa Singkat

Tuhan,
terima kasih atas sukacita yang Kau izinkan hadir.
Jagalah hatiku agar tetap rendah dan berserah.
Biarlah cintaku tidak melampaui kehendak-Mu,
dan setiap langkahku tetap bersukacita di dalam-Mu. Amin.

Ayat Alkitab

"Nyanyikanlah bagi TUHAN nyanyian baru, sebab Ia telah melakukan perbuatan-perbuatan yang ajaib."

— *Mazmur 98:1a*

Puisi

Terimalah Lagu Ini

Kulihat pribadi manismu
Membuat jiwaku bergejolak
Kau taruh irama dalam hatiku
Mulutku penuh nada cinta
Terimalah lagu ini
Karangan kata yang berbunga
Kuhiasi dengan cantiknya kamu
Terlukis indah cintaku padamu
Suaramu merdu
Menyejukkan jiwa
Pipimu lucu
Ingin kucubit saja
Kelopak matamu indah
Pancarkan kasih Tuhan
Hitam panjang rambutmu
Akan kubelai setiap hari
Kau berharga untukku
Akan kubuat kau tersenyum
Terimalah lagu ini
Kutulis hanya untukmu

Renungan

Ada cinta yang ingin diekspresikan melalui lagu—kata-kata yang dirangkai lembut, nada yang menyimpan kekaguman. Ungkapan seperti ini adalah bahasa hati yang jujur, cara jiwa berbagi keindahan yang dirasakannya.

Namun Tuhan mengingatkan bahwa setiap lagu yang lahir dari hati sebaiknya kembali kepada-Nya terlebih dahulu. Kekaguman kepada seseorang tidak salah, tetapi ia perlu ditempatkan sebagai pantulan, bukan sumber utama sukacita. Dengan begitu, pujian tidak berubah menjadi pengikatan.

Ketika lagu cinta dipersembahkan dalam penyerahan, ia menjadi doa yang halus. Bukan tuntutan untuk diterima, melainkan syukur atas perasaan yang Tuhan izinkan tumbuh. Di sanalah romantika bertumbuh menjadi ibadah.

Pertanyaan Hening

- Apakah ungkapan cintaku masih terarah kepada Tuhan sebagai sumbernya?
- Sudahkah aku mengekspresikan rasa tanpa menuntut balasan?

Doa Singkat

Tuhan,
terima kasih atas rasa dan kata yang Kau titipkan di hatiku.
Ajari aku mengekspresikan cinta dengan rendah hati.
Biarlah setiap lagu dan kata
menjadi doa yang kembali memuliakan nama-Mu. Amin.

Ayat Alkitab

"Segala sesuatu halal bagiku, tetapi bukan semuanya berguna. Segala sesuatu halal bagiku, tetapi aku tidak membiarkan diriku diperhamba oleh suatu apa pun."

— 1 Korintus 6:12b

Puisi

Candu Asmara

Nada suaramu kudengar
Itulah tawa favoritku
Kusuka caramu tersenyum
Kau buat hatiku berdebar kencang
Candu asmara
Mataku tertuju padamu
Hatiku terikat oleh hatimu
Tak bisa lepas darimu
Aku panggil kau kemari
Kau berlari dengan kencang
Tak sabar ingin memelukku
Rasakan hangatnya cintaku
Kau bisikkan rahasiamu
Aku tergelitik mendengarnya
Kugoda kau hari ini
Senyuman lebar kau berikan
Candu asmara
Kisah romansa kita
Intim dalam keabadian cinta
Kasmaranku dan kamu selamanya

Renungan

Ada cinta yang terasa manis seperti candu—mendebarkan, mengikat, dan membuat hati ingin terus mendekat. Perasaan ini indah, tetapi Tuhan mengingatkan bahwa apa pun yang memperhamba hati perlu dijaga dengan bijaksana.

Ketika asmara mulai menguasai pikiran dan emosi, kasih perlahan bergeser dari anugerah menjadi kebutuhan. Di titik ini, rindu perlu diarahkan kembali agar tidak menjadikan manusia sebagai pusat makna dan kebahagiaan.

Kasih yang bertumbuh dalam Tuhan belajar menahan diri. Ia tidak memadamkan api cinta, tetapi menempatkannya di altar penyerahan. Dengan demikian, cinta tetap hangat tanpa membakar, intim tanpa mengikat, dan indah tanpa menjadi berhala.

Pertanyaan Hening

- Apakah perasaanku masih membebaskan, atau mulai memperhamba?
- Sudahkah aku menyerahkan asmara ini agar tetap berada di bawah terang Tuhan?

Doa Singkat

Tuhan,
jagalah hatiku dari kasih yang memperhamba.
Murnikan rinduku agar tetap sehat dan benar.
Ajari aku mengasihi dengan kebebasan dan penyerahan,
supaya Engkau tetap menjadi pusat segalanya. Amin.

Bagian III — Komitmen & Kemurnian

Cinta yang bertahan tidak lagi bertanya, "seberapa kuat perasaanku?"

Melainkan "seberapa bertanggung jawab langkahku."

Di bagian ini, kasih belajar berjalan pelan—

Bukan karena ragu, tetapi karena hormat.

Komitmen lahir ketika cinta berhenti mengejar sensasi

Dan mulai menjaga kepercayaan.

Ia tidak terburu-buru mengikat masa depan,

Namun berani melindungi hari ini dengan kesadaran dan kemurnian.

Kasih yang dewasa tahu bahwa janji bukanlah puisi,

Melainkan keputusan yang dipelihara.

Ia menerima tanpa syarat,

Menjaga tanpa menguasai,

Dan melindungi tanpa merasa memiliki.

Di sinilah cinta diuji bukan oleh kata manis,

Melainkan oleh kesetiaan dalam batas.

Bukan oleh seberapa dekat jarak,

Melainkan oleh seberapa benar arah.

Ayat Alkitab

"TUHAN adalah bagianku, kata jiwaku, oleh sebab itu aku berharap kepada-Nya."

— *Ratapan 3:24*

Puisi

Cukup Kau di Sampingku

Hey gadis pujaan hatiku
Sinar matamu terangi hidupku
Suara tawamu jadi melodi kehidupan
Kaulah wanita yang kuperlu
Cukup kau di sampingku
Kau jadi sandaran ternyaman
Kau dengarkan keluh kesahku
Kau yang selalu mendampingiku
Kau wanita kekasih jiwaku
Hangat kasihmu tenangkan hatiku
Senyuman manismu menyegarkan pikiranku
Kaulah perempuan yang kumau
Cukup kau di sampingku
Kau bahu yang kuperlu
Kau doakan kebahagiaanku
Kau menemaniku setiap saat
Kehadiranmu itu yang kuperlu
Tak perlu harta dunia yang melimpah
Sebab kau lebih berharga
Cukup kau di sampingku

Renungan

Ada fase dalam cinta ketika hati berkata, "cukup." Bukan karena dunia berhenti menawarkan, tetapi karena satu kehadiran terasa memadai. Namun di titik ini, Tuhan mengajar kita membedakan antara kecukupan yang sehat dan ketergantungan yang halus.

Kasih yang bertanggung jawab tidak menjadikan manusia sebagai pengganti Tuhan. Ia bersyukur atas kehadiran seseorang, namun tetap mengakui bahwa sumber aman dan cukup yang sejati berasal dari Tuhan. Dengan begitu, cinta tidak memikul beban yang seharusnya dipikul oleh iman.

Ketika Tuhan tetap menjadi bagian utama jiwa, kebersamaan menjadi anugerah, bukan tuntutan. "Cukup" tidak lagi berarti menutup dunia, melainkan berjalan bersama dengan hati yang tertata dan arah yang benar.

Pertanyaan Hening

• Apakah rasa "cukup" ini membuatku semakin bersandar kepada Tuhan?

• Sudahkah aku mengasihi tanpa menjadikan kehadiran seseorang sebagai sumber utamaku?

Doa Singkat

Tuhan,
Engkaulah kecukupan sejati bagi jiwaku.
Terima kasih atas kehadiran yang Kau izinkan di hidupku.
Ajari aku mengasihi dengan hati yang tertata,
agar cintaku bertumbuh tanpa melampaui-Mu. Amin.

Ayat Alkitab

"TUHAN akan menjaga engkau terhadap segala kecelakaan; Ia akan menjaga nyawamu."

— *Mazmur 121:7*

Puisi

Akan Kulindungi Engkau

Hey kekasih jiwaku
Manis senyummu menyegarkan
Kasihmu hangatkanku
Kaulah wanita pujaanku
Akan kulindungi engkau
Takkan kutinggalkan sendiri
Bersama lewati hujan deras
Kupayungi dengan lembut
Kudoakan kebahagiaanmu
Biar Tuhan jaga senyuman itu
Ucapan syukur aku naikkan
Sebab kau tertawa bahagia hari ini
Kau kuberkati selalu
Jauhkan kamu dari yang jahat
Kunasihati dirimu
Biar kau tak jatuh sakit
Akan kulindungi engkau
Membuat kau senang
Itulah kebanggaanku
Sukacitamu mengalir dalamku

Renungan

Keinginan untuk melindungi lahir dari kasih yang peduli. Hati ingin menjadi payung di tengah hujan, ingin memastikan yang dikasihi aman dan tersenyum. Niat ini indah—namun Tuhan mengingatkan bahwa perlindungan sejati tidak pernah berangkat dari kekuatan manusia semata.

Kasih yang bertanggung jawab tahu batasnya. Ia hadir, menasihati, mendoakan, dan memberkati—tanpa mengklaim kendali. Perlindungan yang dewasa tidak berkata "aku penjamin keselamatanmu," melainkan "aku berjalan bersamamu, sementara Tuhan yang menjaga."

Ketika peran dijaga dengan benar, cinta tidak menekan dan tidak mengikat. Ia menjadi saluran kebaikan, bukan sumber utama keamanan. Di sanalah komitmen dimurnikan: melindungi dengan rendah hati, mengasihi dengan penyerahan.

Pertanyaan Hening

- Apakah keinginanku melindungi masih memberi ruang bagi Tuhan untuk memimpin?
- Sudahkah aku hadir tanpa mengambil alih peran-Nya?

Doa Singkat

Tuhan,
Engkaulah penjaga sejati hidup kami.
Ajari aku mengasihi dengan bijaksana dan rendah hati.
Biarlah doaku mendahului tindakanku,
dan kasihku tetap bersandar pada perlindungan-Mu. Amin.

Ayat Alkitab

"Terimalah seorang akan yang lain, sama seperti Kristus juga telah menerima kita, untuk kemuliaan Allah."

— *Roma 15:7*

Puisi

Kucinta Kau Apa Adanya

Kau yang kuingini selalu
Tatapan matamu hangatkanku
Tersenyum aku karenamu
Kurasakan indahnya kasihmu
Kuberikan diriku padamu
Hatimu yang kupuja
Kucinta kau apa adanya
Semua tentangmu kuterima
Kukasihi dirimu dengan tulus
Jangan sembunyi dariku
Aku ada untukmu
Siap menerima suka dukamu
Datanglah padaku hari ini
Bahu ini tercipta untukmu
Percaya aku di sini bagimu
Hadir untuk bahagiakanmu
Kucinta kau apa adanya
Izinkan aku jadi alasanmu tersenyum
Mengusik rasa cemasmu
Kekasih hidup yang memberi damai

Renungan

Mengasihi "apa adanya" sering terdengar sederhana, namun sesungguhnya itulah bentuk kasih yang paling menantang. Sebab kasih semacam ini tidak memilih bagian yang indah saja, tetapi juga bersedia berdiri di hadapan keterbatasan, luka, dan proses yang belum selesai.

Namun iman menuntun kita melangkah lebih jauh: menerima seperti Kristus menerima kita. Ia tidak menunggu kita sempurna untuk mengasihi. Ia hadir, menyembuhkan, dan membentuk—tanpa paksaan, tanpa tuntutan untuk segera berubah demi menyenangkan-Nya.

Kasih yang bertumbuh di dalam Tuhan tidak berkata, "aku mencintaimu karena kamu seperti yang kuharapkan," melainkan, "aku mengasihimu sambil menyerahkan pertumbuhanmu kepada Tuhan." Di situlah cinta dimurnikan: bukan untuk memiliki, tetapi untuk menemani dengan setia.

Pertanyaan Hening

- Apakah aku mengasihi seseorang apa adanya, atau apa yang kuinginkan darinya?
- Sudahkah aku menyerahkan proses perubahan kepada Tuhan, bukan kepada kehendakku?

Doa Singkat

Tuhan,
Ajari aku mengasihi seperti Engkau mengasihi.
Menerima tanpa menuntut, hadir tanpa mengikat.
Bentuklah hatiku agar lembut dan setia,
dan biarlah kasihku selalu berakar pada-Mu. Amin.

Ayat Alkitab

"Jika Tuhan menghendakinya, kami akan hidup dan berbuat ini dan itu."

— *Yakobus 4:15*

Puisi

Aku Berjanji Padamu

Kaulah yang pertama dan terakhir
Kekasih hidupku
Sumpah ini kuberikan
Mencintaimu sampai akhir hayatku
Aku berjanji padamu
Mengasihimu dalam suka dan duka
Hatimu akan selalu kujaga
Takkan kulukai kamu
Rasa cinta ini kekal
Kurawat hubungan kita
Akan kusiram dengan kasih tulus
Karena kau berharga untukku
Setia kulindungi engkau
Lupakan semua yang buruk
Ampuni kesalahanmu
Aku sedia berkorban untukmu
Kita berdua saling terbuka
Jujur dan apa adanya
Tak sembunyikan apa pun
Kuterima kamu apa adanya
Bahukulah sandaranmu
Telingaku dengarkan keluhanmu
Mulutku menghiburmu
Tanganku membelai rambutmu
Aku berjanji padamu
Berdua lewati badai

Dalam kehendak Tuhan
Kasih kita bertumbuh dan setia

Renungan

Janji adalah kata yang indah, namun berat. Dalam cinta, janji sering lahir dari rasa ingin memiliki—keinginan agar segalanya aman, pasti, dan tak berubah. Namun iman mengajar kita untuk menata ulang janji: bukan sebagai pengikat yang menuntut, melainkan sebagai komitmen yang sadar akan keterbatasan manusia.

Di hadapan Tuhan, setiap janji perlu direndahkan. Kita belajar berkata, "aku akan setia," sambil menambahkan, "jika Tuhan menghendaki." Bukan karena kasih kita lemah, tetapi karena kita tahu hanya Tuhan yang sanggup menjaga apa yang kita janjikan.

Kasih yang bertumbuh tidak berteriak tentang masa depan, tetapi setia hadir hari ini—merawat, mengampuni, mendengarkan. Janji yang dewasa tidak memaksa hasil, melainkan menyerahkan perjalanan. Di situlah cinta menjadi ibadah: lembut, bertanggung jawab, dan berakar pada Tuhan.

Pertanyaan Hening

• Apakah janjiku lahir dari keinginan memiliki, atau dari kesiapan mengasihi dengan bertanggung jawab?

• Sudahkah aku menyerahkan masa depan relasi ini ke dalam kehendak Tuhan?

Doa Singkat

Tuhan yang setia,
Ajari aku berjanji dengan rendah hati.
Jaga hatiku agar mengasihi tanpa menuntut,
setia tanpa mengikat,
dan menyerahkan segalanya ke dalam kehendak-Mu. Amin.

Ayat Alkitab

"Kasih itu sabar; kasih itu murah hati; ia tidak mencari keuntungan diri sendiri."

— *1 Korintus 13:4–5*

Puisi

Cintaku Padamu

Dirimu kucinta sepenuh hati
Cintaku padamu itu tulus
Kumau kau selalu bahagia
Dirimu itu penting bagiku
Kaulah yang kusuka dan kucinta
Tak mau kulihat kau menangis
Kaulah yang kumau dan kurindu
Kumau lihat kau tersenyum untukku
Dirimu kusayang sepenuh hati
Cintaku padamu itu murni
Kumau kau selalu bersuka
Dirimu itu berharga bagiku
Kaulah yang kusayang dan kubutuh
Tak mau kulihat kau menderita
Kaulah yang kuingin dan kukangen
Kumau lihat kau tersenyum karenaku
Cintaku padamu itu tulus
Cintaku padamu itu kuat
Cintaku padamu itu murni
Cintaku padamu itu rela
Sadarlah bahwa cintaku padamu itu indah
Ketahuilah bahwa cintaku padamu itu baik
Izinkanku untuk selalu cinta padamu
Berilah aku kesempatan untuk mencintaimu

Renungan

Cinta sering dimulai dengan rindu yang bergejolak, dengan keinginan melihat seseorang tersenyum karena kita. Namun firman Tuhan mengundang kita melangkah lebih jauh: dari cinta yang ingin menjadi alasan kebahagiaan, menuju kasih yang rela memberi ruang bagi kebahagiaan itu sendiri—bahkan bila tidak selalu berpusat pada kita.

Kasih yang murni tidak lahir dari kebutuhan untuk dimiliki, melainkan dari kerelaan untuk menjaga. Ia belajar berkata, "aku ingin yang terbaik bagimu," sambil menyerahkan hasilnya kepada Tuhan. Di sanalah cinta dimurnikan—ketika kebahagiaan orang yang kita kasihi menjadi doa, bukan tuntutan.

Bertumbuh dalam Tuhan berarti membiarkan kasih kita dibentuk oleh kasih-Nya. Kasih yang rela, sabar, dan tidak memaksa. Cinta yang indah bukan karena kuat menggenggam, melainkan karena berani melepaskan ego dan percaya bahwa Tuhan sanggup memelihara apa yang kita kasihi.

Pertanyaan Hening

- Apakah cintaku lebih sering ingin dilihat, atau ingin melayani?
- Sudahkah aku menyerahkan kebahagiaan orang yang kukasihi ke dalam tangan Tuhan?

Doa Singkat

Tuhan sumber kasih,
Ajari aku mengasihi dengan tulus dan rela.
Bersihkan cintaku dari ego dan tuntutan,
agar melalui kasihku,
nama-Mu semakin dimuliakan. Amin.

Ayat Alkitab

"Serahkanlah hidupmu kepada TUHAN dan percayalah kepada-Nya, dan Ia akan bertindak."

— *Mazmur 37:5*

Puisi

Jadilah Milikku

Aku jatuh cinta padamu
Kucintai dirimu apa adanya
Aku mau kau selalu bersamaku
Jadilah milikku, oh kasih
Kamu belum jadi milikku
Biar kuberi tahu padamu
Aku sangat ingin memilikimu
Pahamilah cintaku padamu
Aku sangat suka padamu
Kau menyinari kegelapan hatiku
Aku mau kau tahu relung hatiku
Jadilah milikku untuk selamanya
Kamu itu yang kuinginkan
Kumau kau benar-benar tahu
Aku sangat cinta padamu
Kenalilah isi cinta di hatiku
Jadilah milikku untuk yang pertama
Jadilah milikku di bumi ini
Jadilah milikku untuk yang terakhir
Jadilah milikku untuk selama-lamanya

Renungan

Ada doa-doa yang lahir dari cinta, namun masih dibalut keinginan untuk memiliki. Hati berkata, *jadilah milikku*, seolah kepemilikan adalah bukti terdalam dari kasih. Padahal, di hadapan Tuhan, cinta yang sejati tidak dimulai dari klaim, melainkan dari penyerahan.

Kasih yang bertumbuh belajar menggeser pusatnya. Dari "aku ingin engkau menjadi milikku" menuju "aku ingin engkau berada di tangan Tuhan." Di sanalah cinta dilembutkan—ketika kerinduan tidak lagi memaksa masa depan, tetapi mempercayakannya kepada kehendak Allah yang lebih tahu waktu dan arah.

Menyerahkan cinta bukan berarti menguranginya. Justru di dalam penyerahan, cinta dibebaskan dari kecemasan dan ketakutan kehilangan. Tuhan tidak meniadakan perasaan, Ia memurnikannya, agar kasih kita tidak mengikat, melainkan menghidupkan.

Pertanyaan Hening

- Apakah cintaku lebih ingin memiliki, atau lebih ingin menyerahkan?
- Sudahkah aku mempercayakan relasi ini sepenuhnya kepada Tuhan?

Doa Singkat

Tuhan yang mengenal hatiku,
ajar aku mengasihi tanpa menggenggam erat.
Serahkan rinduku ke dalam tangan-Mu,
dan bentuklah cintaku
agar selaras dengan kehendak-Mu. Amin.

Ayat Alkitab

"Percayakanlah segala jalanmu kepada TUHAN, dan janganlah bersandar kepada pengertianmu sendiri."

— *Amsal 3:5*

Puisi

Jadikan Aku Pacarmu

Kau selalu tatap mataku
Diam-diam tersipu melihatku
Senyum manis kau berikan
Kau suka padaku
Aku suka pandanganmu
Kuterima cinta tulusmu
Jadikan aku pacarmu
Kuberikan hatiku padamu
Mari kita jalan ke taman
Menikmati indahnya dunia
Alam jadi saksi kisah kita
Tersenyum semua pada kita
Pohon berdansa akan cinta kita
Burung bersiul sebab aku milikmu
Kupu-kupu mengelilingi kita
Semesta bernyanyi dengan gembira
Jadikan aku pacarmu selamanya
Sampai akhir hidup kita
Kau dan aku bermesraan
Tak ada yang mampu hentikan

Renungan

Keinginan untuk melangkah bersama adalah hal yang wajar dalam cinta. Ada keberanian halus ketika hati berkata, *jadikan aku pacarmu*—sebuah undangan, bukan paksaan. Namun iman mengajar kita untuk tidak hanya bertanya *siapa yang kupilih*, melainkan *kepada siapa relasi ini dipersembahkan.*

Cinta yang dewasa belajar menunda klaim dan memperdalam maksud. Ia memberi ruang bagi Tuhan untuk memimpin arah, menata waktu, dan memurnikan motivasi. Bukan sekadar berjalan berdua, melainkan berjalan bersama Tuhan yang sama.

Ketika keputusan lahir dari doa dan penyerahan, relasi tidak dibangun di atas euforia sesaat, tetapi pada kebijaksanaan yang menumbuhkan. Di sanalah cinta menjadi tempat belajar setia, jujur, dan bertanggung jawab.

Pertanyaan Hening

- Apakah keinginanku lahir dari penyerahan atau sekadar dorongan rasa?
- Sudahkah aku mengundang Tuhan memimpin setiap langkah relasi ini?

Doa Singkat

Tuhan yang lembut memimpin hati,
ajar aku memilih dengan iman.
Sucikan niatku dalam mengasihi,
dan tuntun langkah kami
agar berjalan seturut kehendak-Mu. Amin.

Ayat Alkitab

"Berdua lebih baik dari pada seorang diri, karena mereka menerima upah yang baik dalam jerih payah mereka."

— *Pengkhotbah 4:9*

Puisi

Menarilah Denganku

Genggamlah tanganku
Aku ingin berdansa denganmu
Di bawah bintang-bintang
Kunang-kunang bernyanyi
Menarilah denganku
Tambahkan memori indah
Terukir kekal dalam kisah kita
Dunia terasa milik kita berdua
Momen romantis denganmu
Kutulis menjadi kenangan
Di bawah bulan purnama
Angin sejuk menyegarkan jiwa
Bersama kita tertawa
Tak jatuh walau tersandung kerikil
Rasa sakit terabaikan
Sebab senyummu menghibur hati
Menarilah denganku
Cinta terajut malam ini
Ikatan kita menguat
Namun tetap kami jaga dengan rendah hati

Renungan

Ajakan untuk menari adalah ajakan untuk berjalan seirama. Bukan siapa yang memimpin dengan keras, melainkan siapa yang mau mendengar langkah satu sama lain. Dalam kasih, kebersamaan bukan soal menguasai ruang, tetapi tentang saling menyesuaikan ritme.

Iman mengajar bahwa relasi yang indah tidak perlu tergesa. Seperti tarian yang anggun, ada saat maju, ada saat menunggu, ada saat berputar perlahan. Tuhan hadir di antara jeda-jeda itu, membentuk karakter sebelum mengikat janji.

Ketika kita menempatkan Tuhan sebagai pusat, cinta tidak menjadi panggung untuk pamer kebahagiaan, melainkan ruang latihan untuk kesetiaan. Kita belajar tertawa bersama tanpa melupakan tujuan: bertumbuh, bukan hanya berdua, tetapi bersama Tuhan.

Pertanyaan Hening

- Apakah aku berjalan seirama, atau memaksa langkahku sendiri?
- Sudahkah aku memberi Tuhan ruang memimpin tarian relasi ini?

Doa Singkat

Tuhan yang menata langkah,
ajar kami berjalan dengan sabar.
Jadikan cinta kami ruang pertumbuhan,
bukan sekadar perasaan,
melainkan tarian yang memuliakan nama-Mu. Amin.

Ayat Alkitab

"Berjalanlah kamu dalam kasih, sama seperti Kristus telah mengasihi kamu dan telah menyerahkan diri-Nya untuk kita."

— *Efesus 5:2*

Puisi

Gandengan Tangan

Kita berdua sedang jatuh cinta
Memikat hati satu sama lain
Nada asmara bergaung lembut
Ada hangat kasih di udara
Gandengan tangan bersama
Menyatukan dua hati yang berbeda
Belajar seirama dalam langkah
Menjadi satu dalam kasih
Kita saling menatap dengan jujur
Membangun cinta tanpa tergesa
Bunga rasa bermekaran
Di ruang yang Tuhan izinkan
Gandengan tangan lagi
Bukan untuk menaklukkan dunia
Melainkan untuk menjalaninya
Dengan iman dan kesetiaan
Tanganku menggenggam tanganmu
Bukan untuk memiliki sepenuhnya
Hanya untuk menemani
Selama Tuhan menuntun langkah kita

Renungan

Gandengan tangan adalah bahasa sederhana dari komitmen. Ia tidak berteriak, tidak menuntut, hanya menyatakan kesiapan untuk berjalan bersama. Dalam iman, kebersamaan bukan tentang menyatukan semua perbedaan, melainkan menghormatinya sambil tetap melangkah searah.

Kasih yang dewasa tidak menarik dengan paksa, tetapi menunggu dengan setia. Tangan yang menggenggam hari ini harus siap melepas esok hari, jika Tuhan meminta. Sebab cinta yang sejati tidak takut kehilangan, karena ia percaya pada penyelenggaraan-Nya.

Ketika Tuhan menjadi pusat, genggaman tidak berubah menjadi belenggu. Ia menjadi pengingat: aku tidak sendiri, namun aku juga tidak berkuasa. Kita berjalan berdampingan, bukan saling mendahului kehendak Tuhan.

Pertanyaan Hening

- Apakah genggamanku memberi rasa aman atau justru tekanan?
- Sudahkah aku menyerahkan arah langkah ini kepada Tuhan?

Doa Singkat

Tuhan yang memimpin langkah,
ajar aku mengasihi tanpa menggenggam terlalu erat.
Bentuklah relasi ini dalam kehendak-Mu,
agar setiap langkah kami memuliakan nama-Mu.
Amin.

Ayat Alkitab

"Sebab Aku ini mengetahui rancangan-rancangan apa yang ada pada-Ku mengenai kamu, demikianlah firman TUHAN, yaitu rancangan damai sejahtera dan bukan rancangan kecelakaan, untuk memberikan kepadamu hari depan yang penuh harapan."

— *Yeremia 29:11*

Puisi

Akulah Masa Depanmu

Aku di sini untukmu
Selalu ada bagimu
Waktu kusediakan untuk bersamamu
Akulah masa depanmu
Janji kujaga hatimu
Sampai ke ujung nadi
Takkan kecewakanmu
Senyumanmu berharga bagiku
Kudoakan hubungan kita
Biar kekal dijaga Tuhan
Menjalani hubungan kudus
Takkan kunodai engkau
Kaulah satu-satunya untukku
Akan kuperhatikan dirimu
Hatimu kulindungi selalu
Tak mau aku sakiti kamu
Izinkan kubelai rambutmu
Tanda sayangku kepadamu
Yakinkan kamu aku yang terbaik
Akulah masa depanmu
Untuk sekarang dan selama-lamanya
Ragaku tercipta untukmu
Membahagiakanmu selalu
Itulah kerinduan hatiku

Renungan

Ungkapan "akulah masa depanmu" terdengar indah, namun juga mengandung tanggung jawab yang besar. Cinta yang dewasa tidak tergesa-gesa mengklaim hari esok, melainkan belajar menundukkan janji di hadapan Tuhan. Masa depan bukan milik manusia, tetapi anugerah yang dipercayakan Tuhan sedikit demi sedikit.

Kasih yang bertumbuh akan berhati-hati dalam berkata dan bersikap. Ia ingin melindungi, bukan mengikat. Ia ingin meyakinkan, bukan menggantikan peran Tuhan. Sebab hanya Tuhan yang sanggup menjamin masa depan, sementara manusia dipanggil untuk setia hari demi hari.

Ketika cinta diserahkan kepada Tuhan, janji berubah menjadi doa. Harapan berubah menjadi kesediaan untuk berjalan bersama, entah Tuhan menuntun ke arah yang sama atau mengajar untuk melepaskan dengan iman.

Pertanyaan Hening

- Apakah janji-janji cintaku lahir dari iman atau dari ketakutan kehilangan?
- Sudahkah aku menyerahkan masa depan relasi ini sepenuhnya ke tangan Tuhan?

Doa Singkat

Tuhan, pemilik hari depan,
ajar aku mengasihi tanpa menguasai.
Tuntun langkah kami sesuai kehendak-Mu,
agar setiap janji tunduk pada rencana-Mu.
Amin.

Bagian IV — Penyerahan kepada Tuhan

Di titik ini, cinta berhenti menjadi pusat dirinya sendiri.
Ia belajar menunduk.
Bukan karena kehilangan rasa,
Melainkan karena menemukan arah.
Bagian ini mengajak hati untuk melepaskan genggaman yang terlalu erat,
Dan menggantinya dengan kepercayaan.
Bukan lagi "aku dan kamu" sebagai poros utama,
Melainkan Tuhan yang berdiri di tengah—
Menjadi sumber, penentu, dan penjaga relasi.
Di sini, kekasih dilihat bukan sebagai milik,
Melainkan sebagai anugerah.
Bukan jawaban atas kesepian,
Melainkan rekan perjalanan yang Tuhan izinkan hadir
Untuk saling menumbuhkan dalam kasih dan ketaatan.
Puisi-puisi dalam bagian ini lahir dari iman yang berani berserah:
Berani memilih tanpa memaksa,
Mengasihi tanpa menuntut,
Dan percaya bahwa jika Tuhan mempersatukan,
Ia juga yang akan memelihara.
Inilah cinta yang berdoa lebih banyak daripada berbicara,
Yang menunggu dengan damai,
Dan yang tersenyum—
Karena tahu Tuhan bekerja lebih dalam daripada yang terlihat.

Ayat Alkitab

"Demikianlah hendaknya terangmu bercahaya di depan orang, supaya mereka melihat perbuatanmu yang baik dan memuliakan Bapamu yang di sorga."

— *Matius 5:16*

Puisi

Wanita Mulia

Kau adalah wanita mulia
Sebab kau cinta Yesus
Kau pancarkan terang kasih-Nya
Aku bertobat karena kamu
Wanita mulia adalah kamu
Kau pegang teguh firman Tuhan
Tawa dan senyummu menghiburku
Kau ramah terhadap aku
Aku bersyukur sebab kau ada
Kau dijadikan-Nya sebagai wanita mulia
Kau buat aku penuh kasih
Kau terangi gelapnya relung hatiku
Aku puji Tuhan sebab kau mulia
Kulihat Tuhan dalam dirimu
Kaulah malaikat Tuhan bagiku
Hidupmu telah mengubahkan aku

Renungan

Ada cinta yang tidak berhenti pada kekaguman,
melainkan menuntun hati untuk melihat lebih jauh—
bukan pada wajah, bukan pada pesona,
tetapi pada terang Tuhan yang hidup di dalam seseorang.
Wanita mulia bukanlah ia yang sempurna,
melainkan ia yang menyerahkan hidupnya pada Kristus.
Kasihnya bukan miliknya sendiri,
tetapi pancaran dari kasih Tuhan yang lebih dahulu mengasihi.

Ketika cinta membuat kita ingin menjadi lebih baik,
lebih lembut, lebih taat, lebih rendah hati—
di sanalah relasi berubah menjadi alat anugerah.
Bukan untuk saling memiliki,
melainkan untuk saling menuntun kepada Tuhan.

Pertanyaan Hening

- Apakah aku mencintai seseorang karena Tuhan terlihat di dalamnya, atau karena ia memenuhi keinginanku sendiri?
- Apakah kehadiranku juga menolong orang yang kucintai semakin dekat kepada Kristus?

Doa

Tuhan yang penuh terang,
ajar aku mengasihi dengan hormat dan kekaguman yang kudus.
Biarlah cintaku tidak berhenti pada manusia,
tetapi naik menjadi pujian kepada-Mu.
Jadikan relasi ini jalan pertumbuhan iman. Amin.

Ayat Alkitab

"TUHANlah yang menetapkan langkah-langkah orang yang hidupnya berkenan kepada-Nya."

— *Mazmur 37:23*

Puisi

Diciptakan Tuhan untukku

Terpesona aku akan cantikmu
Pipi lucu bagai panda
Suaramu bergema di hatiku
Kusuka semua tentangmu
Kau diciptakan Tuhan untukku
Kulihat kasih Yesus dalammu
Perkenanan Tuhan bagiku
Diberkati aku olehmu
Kusukai kehadiranmu
Sukacitamu mengalir bagai sungai
Kelegaan kau berikan padaku
Kucintai kau sepenuh hati
Kekasih hatiku yang manis
Tak pernah kau bermalas
Tekun meraih mimpi
Terangmu menghidupkan
Kekuatan yang kuperlu
Sandaran ternyaman
Diciptakan Tuhan untukku
Aku sayang kamu
Sampai selamanya kau milikku
Senyuman manismu menghiburku
Maut tak pisahkan kita
Sampai surga pun kau kucinta

Renungan

Sering kali cinta membuat kita berkata, *"ia diciptakan Tuhan untukku,"*

namun iman mengajar kita berhenti sejenak dan mengoreksi arah hati.

Bukan untuk mengurangi rasa syukur,
melainkan untuk memurnikan maknanya.
Seseorang tidak pernah diberikan Tuhan untuk dimiliki,
melainkan untuk diterima sebagai anugerah.
Ketika kita melihat kasih Yesus dalam diri orang yang kita cintai,
kita diingatkan bahwa relasi ini bukan pusat hidup,
melainkan bagian dari karya Tuhan yang lebih besar.
Mengasihi dengan benar berarti bersyukur tanpa mengklaim,
menjaga tanpa mengikat,
dan percaya bahwa jika Tuhan mempersatukan,
itu untuk saling menumbuhkan—bukan saling menguasai.

Pertanyaan Hening

- Apakah aku menyebut seseorang "anugerah Tuhan", namun diam-diam ingin memilikinya sepenuhnya?
- Sudahkah aku menyerahkan relasi ini kembali ke tangan Tuhan?

Doa

Tuhan yang penuh hikmat,
ajar aku mengasihi tanpa menggenggam terlalu erat.
Jika relasi ini berasal dari-Mu,
mampukan aku menjaganya dengan rendah hati dan iman.
Engkaulah pusat cintaku, hari ini dan selamanya. Amin.

Ayat Alkitab

"Setiap pemberian yang baik dan setiap anugerah yang sempurna datangnya dari atas, diturunkan dari Bapa segala terang."

— *Yakobus 1:17*

Puisi

Anugerah Tuhan Bagiku

Kaulah bidadari hatiku
Membuatku selalu tersenyum
Cukup kau di sampingku
Kehadiranmu sangatlah berharga
Anugerah Tuhan bagiku
Ada di dalam kehangatanmu
Pelukanmu bahagiakanku
Aku bersuka karenamu
Cantik wajahmu menawan
Menggodaku untuk menatapmu
Tak ternilai indahnya kasihmu
Memberiku semangat hidup
Wanita mulia untukku
Terang matamu menenangkan
Memperhatikanku dengan kasih
Aku bahagia denganmu
Bersama merajut kenangan
Momen romantis kala ini
Harta berharga bagi kita
Kuat aku bersamamu
Kencan di mal megah
Kubelai rambut hitammu
Pegang erat tanganmu
Tak mau aku lepaskan
Namamu selalu kuingat
Dalam doa setiap hari

Hubungan kita yang kudus
Kujaga senyuman itu
Kaulah berkat terindah
Dibentuk Tuhan sedemikian rupa
Kita selalu bertemu
Rancangan Tuhan untuk kita
Anugerah Tuhan bagiku
Kubersyukur sebab kau hadir
Berdoa kita selalu bersama
Tak terpisah sampai kapanpun

Renungan

Ada masa ketika cinta terasa begitu dekat, hangat, dan menenangkan.

Namun firman mengajar kita melihat lebih dalam:

bukan sekadar *siapa* yang hadir, melainkan *siapa* yang memberi kehadiran itu.

Jika seseorang membuat hati kita hidup kembali,
itu karena Tuhan lebih dahulu bekerja.
Anugerah tidak pernah dimaksudkan untuk dimiliki,
melainkan disyukuri dan dijaga.
Saat kita menyebut seseorang sebagai berkat,
kita sedang belajar menurunkan ego
dan meninggikan Sang Pemberi.
Cinta yang bertumbuh di dalam Tuhan
akan lebih sibuk berdoa daripada menuntut,
lebih rindu menjaga kekudusan
daripada sekadar menciptakan kenangan.
Di sanalah relasi menjadi tempat pertumbuhan, bukan pelarian.

Pertanyaan Hening

- Apakah aku lebih mencintai anugerahnya, atau Pemberi anugerah itu sendiri?
- Sudahkah rasa syukurku memimpin caraku mengasihi?

Doa
Tuhan sumber segala terang,
terima kasih atas setiap kehadiran yang Kau percayakan.
Ajari aku mengasihi dengan tangan terbuka,
menjaga dengan takut akan Engkau,
dan selalu menempatkan-Mu di pusat cintaku. Amin.

Ayat Alkitab
"Sukacita karena TUHAN itulah perlindunganmu."
— Nehemia 8:10
Puisi
Senyuman dari Surga
Akulah anugerah terindah
Membuatmu jatuh cinta
Senyuman dari surga
Menyatukan kamu dan dia
Kau doakan kehadiranku
Ucapan syukur kau naikkan
Sebab kau lihat aku padanya
Bahagia timbul dalammu
Akulah berkat mulia
Merajut sukacita Tuhan
Terang aku pancarkan
Mengusik kegelapan hatimu
Senyuman dari surga
Kueratkan dia dan kamu
Kau selalu menanti kehadiranku
Akulah lambang sukacita
Kutuntun kau dengannya
Setiap hari saling mencintai
Semakin dekat dalam Tuhan
Aku selalu hadir bagimu
Saat pacaran aku hadir
Aku tiba dalam pernikahanmu
Kau berhasil mendapatkannya
Hubungan kekal kau jalankan
Sampai akhir hidupmu
Aku akan selalu setia
Buah Roh sukacita

Akulah kekuatan jiwamu
Senantiasa jadi harapan
Akulah bentuk janji Tuhan
Kuhapus air matamu
Sebab aku muncul pada dirinya
Aku terhubung denganmu
Selalu melekat di hatimu
Kuasakulah peganganmu
Menghibur jiwamu selalu
Akulah pengikat cinta
Satukan hati yang berbeda
Terang surga ada padaku
Menghapus kegelapan dunia

Renungan

Ada senyum yang lebih dari sekadar ekspresi wajah.
Ia hadir sebagai tanda: bahwa Tuhan masih bekerja,
bahwa terang belum padam,
bahwa sukacita tidak mati oleh luka.
Namun sukacita sejati tidak pernah berdiri sendiri.
Ia bukan tujuan akhir relasi,
melainkan buah dari akar yang tertanam dalam Tuhan.
Ketika kita melihat senyum sebagai "hadiah dari surga,"
kita belajar untuk tidak menggenggamnya terlalu erat,
melainkan menjaga sumbernya tetap murni.
Relasi yang dipusatkan pada Tuhan
akan memandang kebahagiaan bukan sebagai hak,
melainkan sebagai titipan.
Dan setiap titipan hanya dapat bertahan
jika dikembalikan kepada Sang Pemiliknya.

Pertanyaan Hening

- Apakah aku mengejar sukacita, atau Sang Sumber sukacita itu sendiri?

• Sudahkah aku menyerahkan relasiku agar Tuhan yang memelihara dan menumbuhkannya?

Doa

Tuhan, sumber terang dan sukacitaku,
terima kasih atas senyum yang Kau izinkan hadir.
Ajari aku menjaga relasi ini dengan takut akan Engkau,
agar sukacita tetap menjadi buah Roh,
bukan berhala di hatiku. Amin.

Ayat Alkitab

"Sebab itu seorang laki-laki akan meninggalkan ayahnya dan ibunya dan bersatu dengan isterinya, sehingga keduanya menjadi satu daging."

— *Kejadian 2:24*

Puisi

Kau dan Aku Jadi Satu

Aku dan kamu
Dipertemukan oleh Tuhan
Merajut cinta romantis
Setiap hari saling mengasihi
Kau dan aku jadi satu
Benang merah kita terikat
Kaulah jodoh dari Tuhan
Perkenanan Tuhan bagiku
Kamu dan aku
Dijodohkan oleh Tuhan
Saling melepas panah asmara
Mendoakan satu sama lain
Semua perbedaan kita
Tak menghalangi kisah kita berdua
Aku melengkapi kamu
Kamu sempurnakan aku
Aku kalem bagaikan sungai
Kau asik seperti lumba-lumba
Akulah air tempatmu melompat
Kau membuat sungaiku berdansa
Tuhan meneguhkan kita
Rencana-Nya mengalir indah
Kau dan aku jadi satu
Sampai selamanya tak terpisahkan

Renungan

Menjadi satu bukanlah tentang menyatu karena rasa,
melainkan disatukan oleh kehendak Tuhan.
Relasi yang kudus lahir bukan dari klaim "kaulah milikku,"
tetapi dari kesediaan dua hati
untuk sama-sama tunduk kepada Sang Pemilik hidup.
Perbedaan bukan ancaman,
melainkan ruang di mana kasih belajar bekerja.
Saat kita berhenti menuntut untuk disempurnakan oleh manusia,
kita mulai memberi ruang bagi Tuhan
untuk membentuk kesatuan yang sehat dan dewasa.
Menjadi satu berarti berjalan searah,
bukan saling menarik.
Bukan saling memiliki,
melainkan saling mempercayakan diri
di bawah pimpinan kasih Tuhan.

Pertanyaan Hening

- Apakah aku ingin bersatu karena rasa aman, atau karena panggilan Tuhan untuk bertumbuh bersama?
- Sudahkah aku menyerahkan relasi ini agar Tuhan yang memimpin, bukan egoku?

Doa

Tuhan yang mempersatukan,
ajar aku mengasihi tanpa menguasai.
Jika Engkau berkenan menyatukan langkah kami,
bentuklah kami dalam kerendahan hati dan ketaatan.
Jadilah pusat dari setiap ikatan kasih kami. Amin.

Ayat Alkitab

"Seorang sahabat menaruh kasih setiap waktu, dan menjadi seorang saudara dalam kesukaran."

— *Amsal 17:17*

Puisi

Mulai dari Sahabat

Berjumpa saat di sekolah
Setiap hari kita bertemu
Di kelas kita belajar
Jadi teman dalam kasih
Awalnya mulai dari sahabat
Bersama kita belajar
Bertukar pesan setiap malam
Cinta tumbuh bermekaran
Lebih dari sekadar teman
Kupu-kupu di hati
Beribadah bareng di gereja
Dunia terasa lebih terang
Kupegang erat tangan halusmu
Bukan untuk menahan, tapi menemani
Kubawakan tasmu yang kecil
Karena kau berharga di hadapanku
Mulai dari sahabat
Kini berjalan lebih dekat
Kiranya langkah ini dijaga Tuhan
Ke mana pun arah-Nya menuntun

Renungan

Banyak relasi yang ingin segera menjadi istimewa,

namun yang dibangun Tuhan sering kali dimulai dengan kesederhanaan:

persahabatan.

Di sanalah kasih belajar mendengar,

tanpa tuntutan dan tanpa kepemilikan.
Persahabatan memberi ruang untuk mengenal,
bukan hanya sisi yang memikat,
tetapi juga kebiasaan, kelemahan, dan kejujuran.
Cinta yang bertumbuh dari sahabat
lebih kuat menahan badai,
karena ia berakar pada saling menghormati.
Ketika Tuhan menjadi pusat,
relasi tidak terburu-buru menuju janji,
tetapi setia berjalan dalam proses.
Dari sahabat, kita belajar mengasihi
bukan untuk memiliki,
melainkan untuk menjaga.

Pertanyaan Hening

- Apakah aku memberi ruang bagi relasi untuk bertumbuh dengan sehat?
- Sudahkah aku mengizinkan Tuhan memimpin arah kedekatan ini?

Doa

Tuhan yang setia,
terima kasih atas relasi yang Kau bangun perlahan.
Ajari aku mengasihi dengan sabar dan hormat,
menjaga hati tanpa mendahului kehendak-Mu.
Bimbing langkah kami dalam terang kasih-Mu. Amin.

Ayat Alkitab

"TUHAN itu baik; Ia adalah tempat pengungsian pada waktu kesusahan; Ia mengenal orang-orang yang berlindung kepada-Nya."

— *Nahum 1:7*

Puisi

Kau Jadi Bagian Hidupku

Lucu pipi besarmu itu
Lebih indah dari panda
Kacamata yang kau pakai
Tak mampu tutupi cintamu
Kau hadir temani diriku
Senyuman hangat segarkan jiwa
Kau jadi bagian hidupku
Sahabat jiwa yang sejati
Pesan singkat kau beri
Menelponku tiap malam
Suara lucumu jadi melodi
Surga turun ke bumi
Tawa candamu memberi kelegaan
Bagai air yang menyehatkan
Diutus Tuhan untuk menolongku
Kau cintaiku sepenuh hati
Di sampingku kau ada
Genggam tanganku dengan erat
Tak kau biarkan sendiri
Kekasih hati yang tulus
Selamanya kau jadi bagian hidupku
Kulukis kanvas masa depanku
Berdua nyaman bersamamu
Mentari pagi sinari kita
Makan malam di restoran
Momen romantis di udara

Memori yang tak terlupakan
Kau adalah pujaan hatiku
Setiap hari kau muncul
Diciptakan untuk mengasihiku
Kaulah cinta sejatiku
Selamanya kau kucinta

Renungan

Ada kehadiran yang perlahan menjadi penting,
bukan karena gemuruh rasa,
melainkan karena kesetiaan yang diam-diam menopang.
Ketika seseorang hadir sebagai sahabat jiwa,
kita merasakan bagaimana Tuhan bekerja
melalui perhatian sederhana dan tawa yang menenangkan.
Namun iman mengingatkan:
menjadi "bagian hidup" bukan berarti mengambil alih pusat hidup.
Manusia dihadirkan untuk menemani,
bukan menggantikan Tuhan sebagai sandaran utama.
Relasi yang sehat tahu batas antara kedekatan dan ketergantungan.
Ketika kita mampu bersyukur tanpa mengikat,
menikmati kebersamaan tanpa menjadikannya tujuan akhir,
cinta pun bertumbuh dengan dewasa.
Ia tidak menuntut untuk dimiliki selamanya,
melainkan siap berjalan sejauh Tuhan izinkan.

Pertanyaan Hening

- Apakah aku menjadikan seseorang pusat hidupku, atau rekan seperjalanan menuju Tuhan?
- Sudahkah aku menyerahkan relasi ini agar Tuhan yang menumbuhkannya?

Doa

Tuhan yang setia,
terima kasih atas kehadiran yang Kau izinkan menguatkanku.

Ajari aku mengasihi tanpa menggenggam berlebihan,
bersyukur tanpa takut kehilangan.
Jadilah pusat hidupku, hari ini dan selamanya. Amin.

Ayat Alkitab

"Kita mengasihi, karena Allah lebih dahulu mengasihi kita."

— 1 Yohanes 4:19

Puisi

Aku Dicintai Kamu

Kamu jatuh cinta padaku
Senyumanmu selalu hangat untukku
Kau selalu pedulikan rasaku
Kau jadi sandaran ternyaman
Aku dicintai kamu
Beruntungnya aku dapatkan cintamu
Selalu bersyukur aku kepada Tuhan
Sebab kau cintai diriku
Kamu suka diriku seutuhnya
Jiwa ragamu menghibur diriku
Kau selalu doakan kebahagiaanku
Kau jadi pendamping hidupku
Aku dicintai kamu
Diberkati aku sebab kau cintai aku
Selalu berterima kasih aku kepada Tuhan
Sebab kau suka padaku
Terpujilah Tuhan yang menciptakanmu
Manis cintamu terasa di hatiku
Aku dicintai kamu
Aku cinta kamu

Renungan

Dicintai adalah anugerah yang menenangkan.
Bukan karena kita layak sepenuhnya,
melainkan karena ada hati yang memilih hadir,
mendoakan, dan memperhatikan dengan tulus.
Dalam cinta seperti ini, kita belajar bersyukur—
bukan menguasai.

Namun iman menuntun kita lebih jauh:
setiap cinta manusia adalah gema,
pantulan dari kasih Allah yang lebih dulu bekerja.
Saat kita merasa dicintai,
kita diingatkan bahwa Tuhanlah sumbernya,
yang menitipkan kasih itu melalui sesama.
Maka mencintai dengan benar
bukan tentang memastikan diri terus dipilih,
melainkan tentang menjaga hati tetap rendah dan terbuka.
Cinta yang dewasa tahu caranya bersandar pada Tuhan,
agar relasi menjadi ruang pertumbuhan,
bukan tempat ketakutan kehilangan.

Pertanyaan Hening

- Apakah aku mensyukuri cinta yang kuterima sebagai anugerah Tuhan, bukan hak milik?
- Bagaimana caraku mengasihi balik tanpa menuntut, tanpa mengikat?

Doa

Tuhan sumber kasih,
terima kasih karena aku pernah merasakan dicintai.
Ajari aku mengasihi dengan rendah hati,
menjaga hati tetap tertuju kepada-Mu.
Biarlah kasihku memuliakan nama-Mu. Amin.

Ayat Alkitab

"Percayalah kepada TUHAN dengan segenap hatimu, dan janganlah bersandar kepada pengertianmu sendiri."

— *Amsal 3:5*

Puisi

Aku Mau Denganmu

Kulihat kau menatapku
Tersipu malu saat bersama
Kau jaga kesehatanku
Mengenal kebiasaanku perlahan
Kau nyatakan rasa padaku
Cinta bening di matamu
Dengan gentar namun jujur
Kujawab: aku mau denganmu
Kasihmu hadir tanpa paksaan
Menerima luka dan jedaku
Kesalahan dimaafkan
Kesempatan bertumbuh dibukakan
Kau doakan kebahagiaanku
Bilang terang Tuhan memancar
Bukan aku pusat ceritamu
Melainkan Tuhan yang mengubah kita
Terima kasih atas kesabaran
Maafkan dinginku yang lalu
Kini kupilih berjalan jujur
Menyerahkan arah pada Tuhan
Aku mau denganmu
Bukan untuk saling memiliki
Melainkan saling menjaga
Di bawah penyertaan Ilahi

Renungan

Mengatakan "aku mau denganmu" adalah keberanian iman.

Ia bukan janji untuk menguasai, melainkan kesediaan berjalan bersama—

pelan, jujur, dan terbuka pada proses Tuhan.

Cinta yang sehat lahir dari pilihan yang sadar, bukan dorongan takut kehilangan.

Penyerahan memurnikan rindu.

Ketika masa lalu diakui dan diletakkan di hadapan Tuhan,

hati belajar tenang: tidak perlu membuktikan apa-apa.

Kasih yang mengampuni memberi ruang bagi pertumbuhan,

bukan tuntutan kesempurnaan.

Dalam relasi yang berpusat pada Tuhan,

kita saling mengarahkan pandang ke atas.

Bukan "aku pusatmu" atau "kau pusatku",

melainkan "Tuhan pusat kita"—

di sanalah keberanian, kesetiaan, dan damai berakar.

Pertanyaan Hening

- Apakah pilihanku untuk bersama lahir dari iman, atau dari ketakutan ditinggalkan?
- Bagaimana aku dapat mengasihi dengan menyerahkan arah kepada Tuhan?

Doa

Tuhan yang setia,

ajariku memilih dengan hati yang tunduk.

Sucikan rinduku, kuatkan komitmenku.

Pimpin langkah kami dalam kasih-Mu.

Biarlah Engkau tetap pusat segalanya. Amin.

Ayat Alkitab
"Sukacita TUHAN adalah perlindunganmu."
— *Nehemia 8:10*
Puisi
Kau Buat Aku Tersenyum Lagi
Begitu indah senyummu
Menyapa relung yang lama redup
Bukan sekadar cahaya dunia
Namun kelegaan yang menenangkan
Kau buat aku tersenyum lagi
Tatapanmu jujur dan hangat
Kasihmu tidak menuntut
Hadir seperti doa yang diam
Pipi lucumu menghapus dingin
Tanganmu memberi rasa aman
Bukan untuk menggenggam kuat
Melainkan meneguhkan langkah
Di antara tawa dan lagu
Aku belajar bersyukur
Jika senyum kembali tumbuh
Itu karena Tuhan bekerja
Renungan
Ada masa ketika hati lupa caranya tersenyum.
Bukan karena kurang cinta, tetapi karena luka yang belum pulih.
Lalu Tuhan mengizinkan seseorang hadir—
bukan sebagai penyelamat, melainkan sebagai tanda bahwa pemulihan sedang berlangsung.

Senyum yang lahir kembali bukan alasan untuk melekat berlebihan.

Ia adalah buah dari kasih Tuhan yang menyentuh lewat perjumpaan sederhana.

Ketika kita menyadari ini, relasi tidak lagi menjadi sumber hidup, melainkan ruang di mana hidup yang Tuhan beri dapat dibagikan.

Kasih yang dewasa tidak berkata, "kaulah duniaku,"

melainkan, "bersamamu aku belajar kembali melihat terang Tuhan."

Sukacita sejati tidak dimiliki—

ia diterima, dijaga, dan dikembalikan kepada Sang Pemberi.

Pertanyaan Hening

- Apakah senyum yang kembali tumbuh menuntunku semakin bersyukur kepada Tuhan?
- Sudahkah aku menjaga sukacita ini tanpa menggantikan posisi Tuhan di hatiku?

Doa

Tuhan sumber sukacita,
terima kasih atas senyum yang Kau pulihkan.
Ajarku mengasihi tanpa menggenggam,
bersukacita tanpa menggantikan-Mu.
Biarlah hatiku tetap berakar di dalam Engkau. Amin.

BAGIAN V — KASIH YANG DEWASA & SYUKUR

Pada titik ini, cinta tidak lagi tergesa.
Ia telah melewati musim rindu, belajar menahan diri,
Dan mengenal batas antara perasaan dan penyerahan.
Kasih yang tiba di sini tidak berteriak,
Ia berdiam—tenang, yakin, dan bersandar pada Tuhan.
Bagian terakhir ini adalah ruang kedewasaan.
Di sini, cinta tidak dibuktikan dengan janji berlebihan,
Melainkan dengan kesetiaan yang dijalani hari demi hari.
Bukan lagi soal "aku dan kamu melawan dunia,"
Melainkan "kita berjalan di bawah restu dan kehendak Tuhan."
Syukur menjadi bahasa utama.
Syukur atas proses yang panjang,
Atas orang tua yang mendoakan,
Atas luka yang mendewasakan,
Dan atas damai yang kini menetap di hati.
Kasih tidak lagi ingin memiliki,
Ia memilih merawat.

Di Bagian V ini, cinta menemukan bentuknya yang paling sunyi namun kuat:

Komitmen yang matang, kesetiaan yang disadari,
Dan penyerahan total kepada Tuhan—
Untuk sekarang, dan selama-lamanya.

Ayat Alkitab

"Aku menanam, Apolos menyiram, tetapi Allah yang memberi pertumbuhan."

— 1 Korintus 3:6

Puisi

Cinta yang Bertumbuh

Jatuh cinta pada dirimu
Membuatku tersenyum sendiri
Membayangkan kita bersama
Saling mengasihi dengan tulus
Kudekati kamu tiap hari
Beri pesan "tidur yang nyenyak ya"
Hubungan kita semakin kuat
Inilah cinta yang bertumbuh
Kau jadi teman berbagi
Suka dan duka kita lewati
Merajut kasih dengan iman
Percaya Tuhan restui kita
Senyummu legakan dahaga
Melepas penatnya hidup
Kau buat aku melayang
Api cintaku terus membara
Cinta yang bertumbuh
Tak ada yang bisa hentikan
Kupegang erat tanganmu
Takkan kulepaskan

Renungan

Cinta yang bertumbuh bukanlah ledakan perasaan, melainkan kesediaan untuk merawat. Ia lahir dari kebiasaan kecil yang setia—doa yang dipanjatkan, kata yang dijaga, dan kehadiran yang tidak menuntut. Di sini, kasih belajar berjalan seiring waktu.

Ketika cinta diletakkan di hadapan Tuhan, kita memahami bahwa pertumbuhan bukan hasil genggaman, melainkan anugerah. Kita menanam perhatian dan menyiram dengan kesabaran, namun Tuhanlah yang menumbuhkan—dengan cara-Nya, pada waktu-Nya.

Kasih yang dewasa tidak takut melambat. Ia tahu kapan mendekat dan kapan memberi ruang. Ia memilih setia tanpa mengikat, mengasihi tanpa memiliki, dan berharap tanpa memaksa. Dalam ketenangan itulah cinta menjadi kuat.

Pertanyaan Hening

- Apakah aku memberi ruang bagi Tuhan untuk menumbuhkan kasih ini?
- Bagian mana dari cintaku yang perlu belajar sabar hari ini?

Doa Singkat

Tuhan, ajar aku mengasihi dengan setia dan rendah hati.
Tumbuhkan kasih kami sesuai kehendak-Mu.
Jauhkan kami dari paksaan dan ego.
Peliharalah langkah kami dalam damai.
Amin.

Ayat Alkitab

"Siapa mendapat isteri, mendapat sesuatu yang baik, dan ia mendapat karunia dari TUHAN."

— *Amsal 18:22*

Puisi

Kekasih Hidup

Kaulah perempuan yang kusuka
Aku rasa kau ditakdirkan bersamaku
Jadilah milikku untuk selamanya
Aku mau selalu bersamamu
Aku mau kau jadi kesayanganku
Jadilah kekasih hidupku
Kaulah kekasih hidup yang kumau
Aku mencintaimu dengan segenap hatiku
Kaulah wanita yang kucinta
Aku yakin kau diciptakan untukku
Tetaplah bersamaku untuk selamanya
Aku ingin selalu denganmu
Aku yakin kau jadi cinta terakhirku
Jadilah kekasih hidupku
Kaulah kekasih hidup yang kuingini
Aku menyayangimu dengan sepenuh hatiku
Kekasih hidup yang kucinta
Kaulah yang kusuka
Kekasih hidup yang kumau
Kaulah yang terbaik
Aku bersyukur sebab kau milikku
Terpujilah Tuhan yang menciptakan engkau untukku
Kulihat kasih Tuhan dalam hidupku
Aku bersuka sebab kau mencintaiku

Renungan

Cinta dalam puisi ini berani menyebut kata "selamanya," namun iman mengajarkan bahwa selamanya bukanlah hasil genggaman, melainkan buah penyerahan. Ketika seseorang disebut sebagai kekasih hidup, sesungguhnya ia lebih dahulu adalah titipan Tuhan, bukan milik yang dapat diklaim sesuka hati.

Kasih yang dewasa tidak berhenti pada rasa yakin, tetapi bertumbuh dalam kesediaan untuk menjaga. Mengasihi berarti merawat dengan takut akan Tuhan—menahan ego, belajar setia, dan membiarkan Tuhan membentuk hubungan ini seturut kehendak-Nya.

Rasa syukur menjadi penanda kedewasaan cinta. Bukan lagi, "aku bahagia karena kau milikku," melainkan, "aku bersuka karena Tuhan mempercayakan kita untuk saling mengasihi." Di titik ini, cinta tidak memusat pada diri, tetapi memuliakan Pemberi kasih itu sendiri.

Pertanyaan Hening

- Apakah aku mengasihi sebagai pemilik, atau sebagai penjaga yang setia?
- Sudahkah rasa syukur lebih besar daripada tuntutan dalam relasiku?

Doa Singkat

Tuhan, terima kasih atas kasih yang Kau percayakan.
Ajarku mengasihi tanpa menguasai.
Teguhkan langkah kami dalam kehendak-Mu.
Biarlah cinta ini memuliakan nama-Mu.
Amin.

Ayat Alkitab

"Demikianlah mereka bukan lagi dua, melainkan satu. Karena itu, apa yang telah dipersatukan Allah, tidak boleh diceraikan manusia."

— Matius 19:6

Puisi

Pertama dan Terakhir

Hey kamu, wanita yang kusuka
Kamu telah merebut hatiku
Tanpa izinku kau buat aku jatuh cinta
Bolehkah aku merebut hatimu?
Jadilah wanita kesayanganku
Untuk yang pertama dan terakhir
Jadilah pacar favoritku
Untuk yang pertama dan terakhir
Hey kamu, perempuan yang kucinta
Kamu telah mengambil hatiku
Tanpa kesadaranku kau buat aku sayang kamu
Bolehkah aku mengambil hatimu?
Jadilah istri masa mudaku
Untuk yang pertama dan terakhir
Jadilah ibu dari anak-anakku
Untuk yang pertama dan terakhir
Jadilah kekasihku sekarang
Untuk yang pertama dan terakhir
Aku akan jadi cinta sejatimu
Untuk yang pertama dan terakhir

Renungan

Keinginan untuk menjadi "yang pertama dan terakhir" adalah kerinduan yang tulus, namun iman memurnikannya. Dalam terang Tuhan, komitmen bukan lagi soal merebut hati, melainkan kesiapan untuk menjaga hati—dengan hormat, kesabaran, dan takut akan Tuhan.

Cinta yang matang tidak lahir dari paksaan rasa, tetapi dari persetujuan yang tumbuh dalam doa. Ketika masa depan disebutkan, iman mengingatkan bahwa rencana terindah bukan disusun oleh ambisi, melainkan diserahkan pada kehendak Allah yang mempersatukan.

Menjadi "pertama dan terakhir" bukan soal urutan waktu, melainkan kualitas kesetiaan. Kesetiaan yang belajar menunggu, bertumbuh, dan berjalan seiring dengan Tuhan—itulah komitmen yang kokoh dan meneduhkan.

Pertanyaan Hening

- Apakah komitmen yang kuinginkan telah kuserahkan kepada Tuhan?
- Apakah aku siap mengasihi dengan setia, bukan menguasai?

Doa Singkat

Tuhan, kuduskanlah kerinduanku akan kesetiaan.
Ajarku mencintai dengan hati yang tunduk pada-Mu.
Jika Engkau berkenan, persatukan kami dalam waktu-Mu.
Biarlah cinta ini lahir dari kehendak-Mu.
Amin.

Ayat Alkitab

"Kasih itu sabar, kasih itu murah hati... kasih tidak mencari keuntungan diri sendiri."

— 1 Korintus 13:4–5

Puisi

Sehidup Semati

Ada cinta di udara
Kau buat aku sayang kamu
Tak mau aku tinggalkan kamu
Aku mau selalu bersamamu
Ingin aku sehidup semati bersamamu
Tak mau tinggal sendiri tanpamu
Jangan jauh dariku
Tak terbayang hidupku tanpamu
Ada nada asmara terdengar
Aku yang jatuh cinta padamu
Tak mau aku melepas dirimu
Aku mau dekat bersamamu selalu
Ingin aku sehidup semati denganmu
Tak ingin hidup sendiri tanpamu
Jangan tinggalkan aku sendiri
Merana aku bila kau tak bersamaku
Marilah sehidup semati bersamaku
Janji takkan kusakiti
Jalanilah sisa hidupmu bersamaku
Akan kubuat kau bahagia denganku

Renungan

Kerinduan untuk "sehidup semati" sering lahir dari rasa takut kehilangan. Namun kasih yang dibentuk Tuhan tidak berdiri di atas ketakutan, melainkan di atas kepercayaan. Iman mengajak kita memurnikan janji: bukan sekadar ingin selalu bersama, tetapi siap saling mengasihi dengan dewasa dan bertanggung jawab.

Kasih yang sejati tidak memohon agar tidak ditinggalkan, melainkan berkomitmen untuk setia tanpa mengikat. Dalam terang firman, cinta belajar berkata: *aku memilihmu*, bukan *aku membutuhkanmu untuk utuh*. Di sanalah kasih menjadi bebas, tenang, dan tidak menekan.

"Sehidup semati" dalam Tuhan berarti berjalan bersama di bawah kedaulatan-Nya. Jika suatu hari jalan terasa berat, Tuhanlah yang menjadi penopang utama. Hubungan yang diserahkan kepada-Nya tidak rapuh oleh jarak atau waktu, sebab berakar pada kasih-Nya yang kekal.

Pertanyaan Hening

• Apakah keinginanku untuk bersama lahir dari kasih atau dari ketakutan kehilangan?

• Sudahkah aku menyerahkan masa depan hubungan ini ke dalam tangan Tuhan?

Doa Singkat

Tuhan, sucikanlah kerinduanku akan kesetiaan.
Ajarku mengasihi tanpa mengikat dan berharap tanpa memaksa.
Jika Engkau berkenan, tuntun kami berjalan bersama.
Biarlah kasih-Mu menjadi dasar sehidup semati kami.
Amin.

Ayat Alkitab

"Kasih setia Tuhan tak berkesudahan, rahmat-Nya tak habis-habisnya; selalu baru tiap pagi."

— Ratapan 3:22–23

Puisi

Selama Nafas Ini Berhembus

Kubulatkan hatiku mencintaimu
Gadis manis pujaan hatiku
Hadiah Tuhan untuk sepiku
Terang Tuhan terpancar dalammu
Selamanya kamu milikku
Tak mau yang lain
Selama nafas ini berhembus
Aku akan mengasihimu selalu
Mataku tertuju padamu
Wanita mulia kekasih jiwaku
Perkenanan Tuhan dalam hidupku
Kasih Tuhan hangat kau berikan
Sampai akhir aku milikmu
Tak perlu yang lain
Walau jantung berhenti berdetak
Aku akan mencintaimu kasih
Sampai memutih rambutku
Kau selalu ada di hati
Bersamamu kita lewati semua
Beranak cucu penuhi bumi
Membangun keluarga dalam kasih
Kau dan aku jadi satu
Selama nafas ini berhembus
Tak ada yang mampu pisahkan
Cinta Tuhan kuberikan padamu
Tulus membahagiakanmu

Nafas ini jadi milikmu
Bahagiaku penuh denganmu

Renungan

Janji untuk mengasihi selama nafas masih ada terdengar indah, namun kasih yang dewasa belajar untuk tidak menggenggam dengan ketakutan. Dalam Tuhan, kesetiaan bukan kepemilikan mutlak, melainkan keputusan harian untuk mengasihi dengan tanggung jawab dan kelembutan.

Ketika cinta berkata "selamanya", iman mengajarkan untuk menaruh kata itu di hadapan Tuhan terlebih dahulu. Sebab hanya kasih-Nya yang sungguh kekal. Hubungan yang sehat bertumbuh ketika dua hati sama-sama bergantung pada Sumber hidup, bukan saling menjadi pusat hidup.

Kasih yang bertahan hingga rambut memutih bukanlah kasih yang sempurna tanpa luka, tetapi kasih yang terus diperbarui. Setiap tarikan nafas menjadi doa: agar cinta ini tetap murni, rendah hati, dan siap dibentuk oleh Tuhan sepanjang waktu.

Pertanyaan Hening

• Apakah aku mengasihi dengan kesetiaan yang berserah, atau dengan rasa ingin memiliki?

• Sudahkah aku mempercayakan masa depan hubungan ini sepenuhnya kepada Tuhan?

Doa Singkat

Tuhan, terima kasih atas nafas yang Kau beri hari ini.
Ajarku mengasihi dengan setia namun tetap berserah.
Bentuklah cintaku agar serupa kasih-Mu yang kekal.
Di dalam-Mu, kupercayakan hari ini dan hari esok.
Amin.

Ayat Alkitab

"Hormatilah ayahmu dan ibumu, supaya lanjut umurmu di tanah yang diberikan Tuhan, Allahmu, kepadamu."

— *Keluaran 20:12*

Puisi

Restu Orang Tua

Bersama kita lewati hidup
Momen indah saat kencan
Bertahun lamanya kita berdua
Saling mengenali satu sama lain
Telah tiba saatnya menikah
Minta restu orang tua
Tersenyum mereka melihat kita
Bahagia terasa di udara
Lega terasa di dada
Angin menyejukkan jiwa
Membayangkan kau dan aku
Jadi suami dan istri
Selamanya kita akan bersama
Suka dan duka kita lewati
Maut tak bisa pisahkan kita
Sebab Tuhan persatukan kita
Sukacita Tuhan dalam kita
Hubungan kudus kita jalani
Cinta suci tanpa noda
Kuat dalam fondasi kasih
Bahagia oleh restu orang tua
Maju ke tahap lebih lanjut
Melangkah berani dalam pernikahan
Sumpah akan selalu mencintaimu
Bersamamu kita arungi semesta
Sampai kekekalan kita bahagia

Cinta bagai api yang tak padam
Benang takdir persatukan kita
Tuhan beri kita restu
Kita telah dipersatukan Tuhan
Tak ada yang dapat pisahkan
Selamanya kita saling mengasihi
Janji setia selalu denganmu
Takkan kutinggalkan engkau
Biar Tuhan berkati kita
Kau dan aku untuk selama-lamanya

Renungan

Cinta yang dewasa tidak berlari sendirian menuju masa depan; ia berhenti sejenak untuk meminta berkat. Restu orang tua menjadi jembatan antara kasih yang tumbuh dan komitmen yang diteguhkan. Di sana, cinta belajar merendah—mengakui bahwa ia lahir dari generasi ke generasi, dan ditopang oleh doa.

Ketika senyum orang tua menyertai langkah, ada damai yang meneduhkan. Bukan karena segalanya akan mudah, tetapi karena perjalanan ini ditempuh dengan tata tertib kasih. Tuhan memuliakan relasi yang menghormati, sebab hormat membuka pintu hikmat.

Restu mengajar kita bahwa pernikahan bukan sekadar janji dua hati, melainkan kesaksian iman. Cinta yang suci bertumbuh di tanah yang diberkati—di mana keputusan diambil dengan doa, dan masa depan diserahkan kepada Tuhan.

Pertanyaan Hening

- Apakah cintaku siap direndahkan oleh hormat dan ketaatan?
- Sudahkah aku menantikan waktu Tuhan dengan sabar dan penuh doa?

Doa Singkat

Tuhan yang setia, ajari kami melangkah dengan hormat.
Satukan cinta kami di bawah berkat-Mu dan doa orang tua.
Teguhkan keputusan kami dengan damai-Mu.

Bimbing kami membangun rumah yang memuliakan nama-Mu.
Amin.

Ayat Alkitab

"Akulah pokok anggur dan kamulah ranting-rantingnya. Barangsiapa tinggal di dalam Aku dan Aku di dalam dia, ia berbuah banyak."

— *Yohanes 15:5*

Puisi

Cinta Setangkai Bunga

Kau tanamkan biji cinta
Kasihmu tumbuh di hatiku
Tertarik aku pada pesonamu
Terang cinta itu ubahkanku
Cinta setangkai bunga
Kusirami doa tiap hari
Biar bermekar indah untukmu
Harum kasihku kau rasakan
Benih cinta kau beri
Namamu terukir di hatiku
Selalu kusebut dalam doa
Tumbuh cintaku semakin kuat
Cinta setangkai bunga
Takkan kubiarkan layu
Kau telah petik hatiku
Hangat cintaku kau nikmati
Bunga abadi yang kuat
Cinta tak akan mati
Semakin mengasihimu sepanjang hari
Tak padam perasaan cinta
Semerbak harumku buatmu mabuk
Peluk aku dengan hangat
Genggam tanganku dengan erat
Tak ada yang pisahkan
Duriku takkan buatmu kecewa

Walau sakit tetap setia
Dalam kegelapan kau menghibur
Aku sungguh sayang kamu
Tak takut aku denganmu
Kau takkan buang aku
Tulus cintamu padaku
Murni kau di mataku
Kita saling mendoakan
Berharap cinta terjaga selamanya
Beri kabar setiap saat
Agar hati selalu dekat
Sampai selamanya kita bersama
Berdua hadapi dunia ini
Janji setia takkan tinggalkan
Biar Tuhan jadi saksi

Renungan

Cinta digambarkan seperti bunga bukan tanpa alasan. Ia indah, namun rapuh bila diabaikan. Kasih tidak bertahan karena janji yang keras, melainkan karena kesetiaan merawat—menyiram dengan doa, memberi ruang bagi pertumbuhan, dan membiarkan Tuhan menjadi sumber hidupnya.

Di dalam relasi, kita belajar bahwa cinta bukan tentang memetik dan memiliki, tetapi menjaga agar tetap hidup. Bahkan duri pun menjadi bagian dari bunga—tantangan yang tidak meniadakan keindahan, melainkan mengajarkan kesabaran dan kelembutan hati.

Ketika cinta dipersembahkan kepada Tuhan, ia tidak mudah layu. Ia bertumbuh pelan, berakar dalam iman, dan berbuah dalam kesetiaan. Kasih yang dewasa tahu: hanya yang tinggal di dalam Tuhan yang mampu bertahan sepanjang musim.

Pertanyaan Hening

- Apakah aku merawat cinta ini dengan doa dan kesabaran?

- Sudahkah aku membiarkan Tuhan menjadi sumber pertumbuhannya?

Doa Singkat

Tuhan, ajari aku mengasihi dengan setia.

Tuntun aku merawat cinta ini dalam doa dan iman.

Jauhkan aku dari sikap ingin memiliki tanpa menjaga.

Jadikan kasih ini berbuah bagi kemuliaan-Mu.

Amin.

Ayat Alkitab

"Kasih itu sabar; kasih itu murah hati; ia tidak mencari keuntungan diri sendiri."

— *1 Korintus 13:4–5*

Puisi

Bingkai Asmara

Hey kasih
Senyumanmu jadi candu bagiku
Kau manis bagaikan madu
Indah hariku karena hadirmu
Kau jadi bingkai asmara
Senyumanmu menghiburku
Bagaikan angin yang sejuk
Kau memberiku kelegaan
Hey cantik
Tawamu jadi melodi bagiku
Kau indah bagaikan pelangi
Bahagia hariku karena cintamu
Kau jadi bingkai asmara
Cintamu menghangatkanku
Bagaikan air yang hangat
Kau menyehatkan jiwaku
Kusimpan senyuman manismu
Dalam ponsel kulihat indahnya parasmu
Kau bingkai asmara
Kucinta kau selamanya

Renungan

Ada cinta yang ingin menyimpan, membingkai, dan menahan agar tak pudar. Namun kasih yang dewasa belajar bahwa bingkai terbaik bagi cinta bukanlah kepemilikan, melainkan ruang aman untuk bertumbuh. Cinta yang sehat tidak menutup rapat, tetapi memberi napas.

Ketika seseorang menjadi "bingkai asmara", ia tidak menggantikan Tuhan sebagai pusat. Ia justru membantu kita melihat hidup dengan lebih jernih—seperti bingkai yang menolong mata fokus pada makna, bukan pada diri sendiri. Kasih semacam ini menguatkan tanpa mengikat, menghangatkan tanpa mengekang.

Dalam Tuhan, cinta diarahkan untuk menyembuhkan dan memerdekakan. Ia tidak disimpan sebagai koleksi, tetapi dipersembahkan sebagai anugerah—agar dua hati sama-sama bertumbuh dalam terang-Nya.

Pertanyaan Hening

• Apakah aku membingkai cinta ini untuk memiliki, atau untuk merawat dan memerdekakan?

• Sudahkah Tuhan tetap menjadi pusat dari rasa hangat yang kurasakan?

Doa Singkat

Tuhan, ajari aku mengasihi dengan hati yang dewasa.
Lepaskan aku dari keinginan memiliki yang berlebihan.
Jadikan kasih ini ruang aman untuk bertumbuh bersama-Mu.
Engkaulah pusat, sumber, dan tujuan cinta kami.
Amin.

Ayat Alkitab

"Kita mengasihi, karena Allah lebih dahulu mengasihi kita."

— 1 Yohanes 4:19

Puisi

Selalu Mengasihimu

Mencintaimu itu kesukaanku
Kau wanita yang kupuja
Manis senyummu menghiburku
Kaulah bunga matahariku
Aku selalu mengasihimu
Semerbak harummu kurasakan
Berkat tercurah olehmu
Anugerah terindah dalam hidupku
Perhatian kau berikan
Tatapan cinta menyejukkan jiwa
Kau selalu mengasihiku
Wanita cantik yang mulia
Kaulah kekuatan hidupku
Penolong dalam kesesakan
Aku selalu mengasihimu
Kau pujaan hatiku
Mendoakan satu sama lain
Hubungan kudus kita jalani
Kasih Tuhanlah fondasi kita
Kubersyukur karenamu

Renungan

Mengasihi seseorang bisa terasa alami, menyenangkan, dan menguatkan. Namun iman mengajar kita untuk menelusuri sumber kasih itu lebih dalam—bukan berhenti pada rasa, melainkan kembali pada Dia yang lebih dahulu mengasihi. Dari sanalah kasih menjadi matang, tidak menuntut balasan, tidak menuntut kepemilikan.

Ketika doa menjadi kebiasaan bersama, cinta menemukan bentuknya yang paling murni. Bukan sekadar saling menguatkan, tetapi saling menyerahkan satu sama lain ke dalam tangan Tuhan. Di sana, hubungan tidak berdiri di atas perasaan yang berubah-ubah, melainkan pada kasih Tuhan yang setia.

Kasih yang bertumbuh di dalam Tuhan akan mengajar kita untuk bersyukur tanpa menggenggam erat, mengasihi tanpa mengikat, dan berjalan bersama tanpa menggeser Tuhan dari pusat segalanya.

Pertanyaan Hening

- Apakah kasihku hari ini lahir dari rasa ingin memiliki, atau dari syukur kepada Tuhan?
- Sudahkah doaku bagi dia lebih besar daripada tuntutanku atas dia?

Doa Singkat

Tuhan, terima kasih atas kasih yang Kau titipkan dalam hidupku.
Ajari aku mengasihi dengan hati yang tunduk pada-Mu.
Biarlah hubungan ini berakar dalam kasih-Mu, bukan egoku.
Engkaulah sumber dan tujuan dari segala cinta.
Amin.

Ayat Alkitab

"Mendekatlah kepada Allah, dan Ia akan mendekat kepadamu."

— *Yakobus 4:8*

Puisi

Lebih Dekat

Aku ingin selalu bersamamu
Lebih dekat setiap hari
Tak mau jauh darimu
Mataku tertuju padamu
Aku sayang kamu
Janji takkan tinggalkanmu
Hatiku melekat padamu
Setia mengasihimu selalu
Cukup kau di sisiku
Tanamkan aku di benakmu
Hari demi hari
Kita semakin mencintai
Ucapan syukur aku naikkan
Sebab aku bisa lebih dekat denganmu
Kurindu kamu dalam mimpiku
Berdua bersama senantiasa
Senyummu jadi senyumku
Jadikanku semakin indah
Bersama kita berbagi rasa
Kisah cinta yang diberkati Tuhan

Renungan

Kerinduan untuk lebih dekat adalah bahasa cinta yang paling jujur. Namun iman menuntun kita untuk memeriksa arah kedekatan itu: apakah hanya saling melekat, atau bersama-sama mendekat kepada Tuhan. Kedekatan yang sehat tidak mengurung, melainkan membuka ruang bagi kasih Allah bekerja.

Saat syukur dinaikkan, rindu belajar beristirahat. Kita menyadari bahwa kehadiran seseorang adalah anugerah, bukan kepemilikan. Dari sana, cinta bertumbuh—lebih lembut, lebih sabar, dan lebih berani menyerahkan masa depan kepada Tuhan.

Kedekatan yang diberkati bukan tentang jarak yang ditiadakan, melainkan tentang hati yang selaras di hadapan-Nya. Bersama, kita melangkah bukan untuk saling mengikat, tetapi untuk saling menuntun menuju sumber kasih sejati.

Pertanyaan Hening

- Apakah keinginanku untuk lebih dekat menuntunku juga lebih dekat kepada Tuhan?
- Sudahkah aku belajar mengasihi tanpa takut kehilangan?

Doa Singkat

Tuhan, dekatkanlah hatiku kepada-Mu.
Ajari aku mengasihi dengan rendah hati dan syukur.
Berkatilah hubungan ini agar bertumbuh dalam terang-Mu.
Engkau pusat dan tujuan kasih kami.
Amin.

Ayat Alkitab

"Jika bukan TUHAN yang membangun rumah, sia-sialah usaha orang yang membangunnya."

— *Mazmur 127:1*

Puisi

Romansa Kita Berdua

Kisah cinta kita
Kutulis perlahan dalam buku puisi
Masa romantis kita nikmati
Bukan untuk dipamerkan
Melainkan disyukuri
Romansa kita berdua
Gandengan tangan di keramaian
Langkah sederhana di tengah dunia
Belajar hadir tanpa memiliki
Menikmati tanpa menuntut
Makan malam di sudut kota
Berbagi tawa dan cerita ringan
Cangkir bertukar tangan
Seperti hati yang belajar memberi
Tanpa takut berkurang
Jejak hari-hari kita
Tersimpan sebagai kenangan
Bertengkar lalu berdamai
Mengajariku bahwa kasih
Adalah kesediaan untuk tetap tinggal
Romansa kita berdua
Bukan tujuan akhir
Ia anugerah yang sementara
Agar kami belajar berjalan
Dengan Tuhan sebagai pusatnya

Renungan

Romansa sering tampak sebagai puncak kebahagiaan, padahal sejatinya ia adalah ruang latihan. Di sanalah dua hati belajar mendengar, menunggu, dan merendahkan ego. Tanpa Tuhan, romansa mudah menjadi tujuan. Bersama Tuhan, ia berubah menjadi perjalanan.

Kasih yang bertumbuh tidak mengumpulkan momen demi kebanggaan, melainkan memelihara makna demi kedewasaan. Setiap tawa, perbedaan, bahkan pertengkaran, dipakai Tuhan untuk membentuk kasih yang lebih sabar dan rendah hati.

Ketika romansa diserahkan kepada Tuhan, kita tidak lagi sibuk memastikan "kita berdua bahagia," melainkan bertanya, "apakah relasi ini membuat kami makin serupa dengan Kristus?" Di sanalah cinta menemukan arah yang benar.

Pertanyaan Hening

- Apakah romansa ini mendekatkanku pada Tuhan atau justru mengalihkan perhatianku dari-Nya?
- Sudahkah aku mensyukuri kebersamaan ini tanpa menjadikannya pusat hidupku?

Doa Singkat

Tuhan, pemilik setiap kisah,
ajar aku menikmati cinta tanpa menjadikannya berhala.
Bangunlah relasi ini menurut kehendak-Mu,
agar setiap langkah kami memuliakan nama-Mu.
Amin.

Terima kasih telah membaca!

Jika kamu meninggalkan ulasan untuk bukuku, kirim email ke abrahamreymond02@gmail.com, dan aku akan mengirimkan puisi bonus eksklusif khusus untukmu!

Don't miss out!

Visit the website below and you can sign up to receive emails whenever Abraham Reymond publishes a new book. There's no charge and no obligation.

https://books2read.com/r/B-A-ODCLD-SXOXI

Also by Abraham Reymond

7 Deadly Sins in Poetry
My Thief of Joy
Romanticized Sin

Darkness of Entertainment Industry
When Art Stands Above Life
Genius Lost in Silence
Art As Slavery

Heartbreak
Unreachable, Unavailable
Kekasih orang
Just A Dead Star
Will You Love a Depressed Person?
Puisi Novel Kekasih Orang

History of mankind
Verses of Three Kingdoms

Household Poetry

Kitchen Psalms

Daily Baptism

The Child's Dreamroom

Lamentation

Not Dead, Not Living

Meratapi Nasib

How the Star Has Fallen

Death Is a Blessing

Lament of Sacred Spaces

Not Everyone Is Chosen

Puisi Renungan: Meratapi Nasib

Praise & Worship Collection

The Epitome of Beauty

God of My Youth

Psalms For Children

Tuhan yang indah

Worship in Heartbreak

Registered in Heaven

Romance in the air

One Love Until the End

Senyuman yang kusuka

Girl of My Dreams

Sanctuary of the Parents
Renungan: Senyuman yang Kusuka

Romantic Novel in Verse

One Love Until the End: A Novel in Verse

The wonders of nature

God's Breath of Life
The Rooted Ones

Verses of animals and beasts

Ancient Echoes: Creatures of Old
Mythbeasts: Songs of the Imagined
Mythbeasts: Songs Of The Imagined, Illustrated Edition
Songs Beneath the Water

Wisdom Psalms

Wake up, sleeper
Berbahagialah
The Wisdom Chronicles
Building Churches in Our Youth
Money As My Servant
Their First Church is You
Leadership Born From Depression

Worship Poetry Devotional

The Epitome of Beauty: A Poetry Devotional

God of My Youth: A Poetry Devotional

Standalone

Things We Overlook: A Mall Poetry Collection

Bites & Rhymes

Foundation of Logic And Reality

Girl of My Dreams

Girl of My Dreams: Illustrated Edition

Love in Style

Will You Love a Depressed Person?: Novel in Verse

Wake Up, Sleeper: A Poetry Devotional

Things We Overlook — Illustrated Edition

The Days When Magic Broke

Unreachable, Unavailable – A Novel in Verse

Atlas of the Endless Realms

Watch for more at patreon.com/Reymondpoems.

About the Author

Abraham Reymond is a passionate poet whose work explores the quiet corners of life, the ache of unspoken emotions, the presence of faith, and the wonder found in both the ordinary and the imagined. His poems reflect themes of spirituality, love, heartbreak, and the overlooked moments that make us human.

With clarity, consistency, and a heart full of discipline, Reymond turns silence into verse—sharing honest, reflective poetry that speaks to readers from all walks of life. Whether rooted in reality or inspired by fantasy, every line he writes is a piece of his soul.

He shares his poetry daily across platforms and is committed to building a lasting legacy, one poem at a time. Read his fantasy books for FREE at Patreon

Read more at patreon.com/Reymondpoems.

About the Publisher

Infinite Verse is a poetry-driven creative brand founded by Abraham Reymond, offering spiritually rich, emotionally resonant writing across digital and print platforms. Its mission is to glorify God through literature, build churches in hearts, and inspire readers to find purpose in every verse.

www.ingramcontent.com/pod-product-compliance
Lightning Source LLC
LaVergne TN
LVHW040446051026
849517LV00002B/780
* 9 7 9 8 2 3 2 1 5 9 7 1 9 *